DE
TOPMODEL
A EX-OBESA

Uma relação íntima com a balança

Um relato não médico sobre Obesidade no Brasil

Janete Leão Ferraz

DE
TOPMODEL
A EX-OBESA

Uma relação íntima com a balança

Um relato não médico sobre Obesidade no Brasil

Ferraz & Cortella

São Paulo
2012

Dedico

À Elaine Higa, filha de alma e apoio ativo na superação da Obesidade e de suas comorbidades! Amiga de vida, mãos incansáveis, "grilo falante", sempre alerta contra a conformidade. Companheira e estímulo de resiliência na busca pelo conhecimento esclarecedor e pelas terapêuticas salvadoras! Incentivadora atuante, lanterna impertinente, sem a qual eu jamais teria descoberto tantas luzes no fim do túnel!

Agradeço

Como acontece em toda saga, nesta minha há muitas pessoas e instituições a agradecer e o temor de gerar injustiças e mágoas. Sei que minha família, amigos, amigas e a equipe força-tarefa que empreendeu comigo este livro entendem que nem ele, e tampouco eu, existiríamos sem cada presença, afeto e compartilhamento.

Agradeço, então, ao Universo que proveu a mim o privilégio de tê-los e amá-los!

Ferraz & Cortella

Sócia fundadora:
Janete Leão Ferraz

Sócio fundador:
Mario Sergio Cortella

Gerente administrativo:
Fernanda Cristina de Carvalho Lopes

Auxiliar administrativo:
Elisabete Gomes Nunes

Editora para autor:
Iracy Paulina

Direção de Arte:
Juliana Veroneze Léo
Claudia Vieira Valente

Ilustração:
Juliana Veroneze Léo

Diagramação:
Claudia Vieira Valente

Capa e foto pág. 173:
Gigi Kassis

Fotos:
Acervo pessoal

Revisão:
Carmen Reis
Vivi Rowe

Dados Internacionais de Catalogação na Publicação (CIP)
(Câmara Brasileira do Livro, SP, Brasil)

Ferraz, Janete Leão
    De top-model a ex-obesa : uma relação íntima
com a balança : um relato não médico sobre
obesidade no Brasil /
Janete Leão Ferraz. -- 1. ed. -- São Paulo :
Ferraz & Cortella, 2012.

    1. Apetite - Distúrbios 2. Autoestima
3. Emagrecimento - Aspectos psicológicos 4. Ferraz,
Janete Leão 5. Obesidade - Aspectos psicológicos
6. Pessoas gordas - Memórias autobiográficas
I. Título.

12-12299   CDD-613.25092

Índices para catálogo sistemático:

1. Pessoas gordas : Perda de peso : Autobiografia
       613.25092

Sumário

I Obesidade, a Doença do Século 21! — 9

II Corpo de Modelo e Manequim — 35

III Família, Trabalho, Emoções, e o Sobrepeso... — 63

IV De Sedentária a (de novo) Atleta: Lutando para Emagrecer — 85

V Sem Tireoide e Deprimida: de Cara com a Obesidade Mórbida — 105

VI Spas: Mais de Meia Tonelada de Gordura Perdida e Achada — 117

VII Cirurgias Bariátricas: Caminhos, Descaminhos e Recaminhos — 133

VIII Rumo ao Controle de Peso: Vivíssima e Plena — 151

I
Obesidade, a Doença do Século 21!

Bastava meu marido pegar no sono para eu me levantar e começar maquinalmente a repetir o ritual que ocupava as minhas madrugadas havia algum tempo. Semanas? Meses? Até hoje não sei precisar... Ia direto para a cozinha, fuçava a geladeira, a despensa e, se nada me apetecesse de imediato, pegava uma lata de leite condensado, um pacote de coco ralado, jogava tudo numa panela em fogo alto e mexia com uma colher de pau até obter uma massa meio corada. Comia tudo, às pressas. Por muito tempo, eu protagonizei esse ritual secreto às 2, 3, 4 horas, sempre calada, na calada da madrugada! Hoje, uma década depois, não posso nem sentir o cheiro daquilo. Só de lembrar, me arrepia até a nuca e sinto engulhos.

Essa cena, apenas ela, já dá a medida do quão distante eu estava do que, até os 35 anos de idade, julgava ser o meu normal. Sim, eu estava doente, gravemente doente. Em plena Obesidade Mórbida. Dominada pela compulsão, comia qualquer coisa, sem jamais me satisfazer, ou sequer sentir o gosto do que ingeria. Não dormia à noite. Nem de dia. Zanzava pela vida, feito autômato: sofria, mas comia o tempo todo e, nos intervalos, fingia ter uma vida dita normal. Paradoxalmente, eu jurava que fazia dieta e que ela era ineficaz. Assim como as atividades físicas e as massagens. Eu acreditava na minha mentira!

Mantinha a malhação, orientada por um *personal trainer*, e recebia massagem redutora e drenagem linfática, pelas mãos da massoterapeuta, formada no Japão, Elaine Higa, três vezes por semana.

Chocolate? Era o dia inteiro! Chegava a ingerir facilmente quatro quilos daquelas barras profissionais, camufladas aos nacos, em alguns cantos da bolsa. Durante a noite, sozinha e isolada em mim mesma, era capaz de emendar pizza e doce de leite, para engatar em outra coisa salgada, tipo croissant de presunto e queijo, sobra do lanche da tarde das crianças. E numa sequência ilógica, desenfreada, enfiava goela abaixo outro doce e outro salgado. E assim corria sucessivamente por horas e horas.

Escondia-me e me culpava, mas nada era capaz de brecar aquele estranho e deprimente transe, no qual me vi presa por nove anos e meio, sem rumo, me sentindo sem saída, gorda e deprimida!

Conheci inúmeros obesos que engoliam feijão gelado ou atacavam sobras frias de jantar ou pimenta pura; nunca o fiz, mas, como eles, percorri muitos caminhos, durante anos, em busca do corpo magro perdido.

Cheguei a perder não só o paladar, mas o tato bucal. Isso existe! Perder o tato bucal é não ter mais noção do que você está colocando na boca. Compulsivamente você come azedo, amargo, agridoce, salgado, sem sal, muito doce. Sem poder distinguir se é redondo, quadrado, pequeno ou grande; se é quente, frio, seco ou oleoso. Até porque, nesse ponto da terrível doença Obesidade, ou a partir dele, não importa mais; você simplesmente perde completamente a noção.

Hoje me esforço e resgato só uma vaga e assustadora sensação daquela época: socar qualquer coisa comestível goela adentro seguidamente, sem intervalo. Sem sentir onde ia parar e sem me importar se aquele "depósito" em que se transformara meu corpo tinha limites.

Um dos horrores que acomete um paciente de Obesidade Mórbida é que ele perde o senso claro dos limites de seu próprio corpo, de sua extensão e peso. A Obesidade Mórbida inconscientiza a vítima.

Afundando e pesando cada vez mais...

Se "todo grande incêndio começa com uma pequena fagulha", ensinam os bombeiros, com a Obesidade não é diferente. Antes de atingir o auge dessa doença desenfreada – que me levou a pesar 135 kg, num corpo que, até os 35 anos de idade, não ultrapassara os 75 kg –, eu passei por um périplo, hoje sei, comum a 12% da população do planeta, classificada como obesa, segundo a Organização Mundial da Saúde (OMS).

Até chegar à fase aguda deste caminho, percorri os estágios considerados, aparentemente (só aparentemente), mais inofensivos: sobrepeso, excesso de peso, obesidade leve, obesidade moderada, obesidade grave... E, finalmente, o começo do que parecia ser o fim: a Obesidade Mórbida, condição na qual a um sobrepeso imenso agregam-se fatores de comorbidade, como hipertensão, diabetes mellitus, depressão, cardiopatias, ortopatias, entre uma grande gama de outras doenças, menos conhecidas. Essas complicações, aliás, podem começar a surgir na vida dos obesos desde os primeiros estágios, vão se complicando à medida que a pessoa avança na escala do Índice de Massa Corporal (IMC)[1] até chegar ao estágio de morbidade grave e fatal. Aos 135 kg, meu IMC foi aferido em 42.

Estágios da Obesidade em IMC

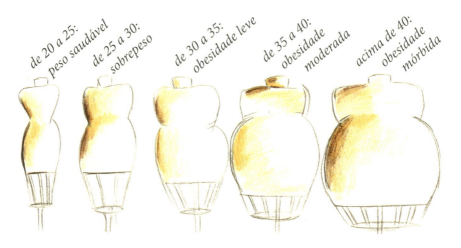

Infelizmente nunca estive só nesse suplício. Pandêmica nos Estados Unidos, a Obesidade é endêmica no Brasil. Mas avançamos céleres, caso não adotemos hábitos e costumes que esclareçam e previnam a disseminação da doença. Um levantamento anual, feito pelo Ministério da Saúde desde 2006, mostra o tamanho de seu progresso dentre os brasileiros: quase metade da população está acima do peso (49%) e os obesos já são 16%.

Uma epidemia mundial que, segundo os relatórios de 2012 da Organização Mundial da Saúde (OMS), mata 2,8 milhões de pessoas por ano. É, de acordo com a entidade, um dos males que mais avançam nas populações de todas as rendas e etnias, junto

---

[1] *Cálculo do IMC: divida o seu peso por sua altura ao quadrado.*

com a hipertensão, responsável por 7,5 milhões de óbitos anuais em todo o mundo.

Analisando dados de 194 países, a OMS concluiu que a Obesidade duplicou em todas as regiões do mundo entre 1980 e 2008. Em 1980, 5% dos homens e 8% das mulheres eram obesos (IMC acima de 30), percentuais que pularam para 10% e 14%, respectivamente – somando um total de 500 milhões de obesos mundo afora.

E também não é apenas uma questão de saúde pública. Segundo um estudo apresentado em junho de 2012, na Rio+20, Conferência sobre Desenvolvimento Sustentável da Organização das Nações Unidas (ONU), que aconteceu no Rio de Janeiro, esse mal pode afetar o ecoequilíbrio do planeta. Nas contas dos pesquisadores da *London School of Hygiene & Tropical Medicine* que conduziram o estudo, a população da Terra, constituída de 7,1 bilhões de pessoas, pesa 297 milhões de toneladas – desse total, 15 milhões de toneladas podem ser colocadas na conta do excesso de peso e outras 3,5 milhões na da Obesidade. Estamos cada vez mais gordos.

Janete Leão Ferraz

Efeito sanfona: desatino dos desatinos

Eu já vinha sentindo uma leve variação de peso desde os 35 anos. Coisa pouca, de dois a seis quilos, o que me incomodava porque nunca, em toda a minha vida, tivera que fazer qualquer dieta para emagrecer. Eu sempre fora magra e alta, um tipo "mulherão". Estava habituada a atrair olhares por onde eu passava. Mas, no verão de 1994, senti que algo havia mudado!

Iniciei um périplo por dietas caseiras e consultas a endocrinologistas famosos e anônimos, e até a charlatães, em busca de soluções rápidas, menus "milagrosos" ou remédios "incríveis", como anfepramona e femproporex, inibidores de apetite, hoje sabidamente ineficazes para um emagrecimento saudável, além de serem prejudiciais à saúde, mas que, na época, resolviam temporariamente a questão.

Não tinha ainda 36 anos de idade quando experimentei, pela primeira vez, a eliminação de quase dez quilos, durante a primeira internação em um spa. Foi no Spa MedCampus em Sorocaba (SP), onde fiquei uma quinzena, malhando direto e ingerindo apenas 300 calorias por dia, distribuídas em seis refeições.

Aos 37 anos, eu entrei de vez no torturante fosso do efeito sanfona, sem nunca deixar de praticar atividades físicas. E, ao avançar na casa dos 40 (depois de sofrer problemas que vou partilhar com você, mais amiúde, nos capítulos subsequentes), ultrapassei três dígitos na balança, transitando entre 90 e 135 kg, peso máximo que atingi (registrado em meu prontuário pelo Dr. Táki Cordás, professor de Psiquiatria da Universidade de São Paulo e especialista em distúrbios alimentares, com quem comecei a me tratar em 2000), oscilando durante, longos e penosos, nove anos e meio.

Evolução do percentual de brasileiros com excesso de peso e Obesidade nos últimos seis anos:

2006 – 2011
Excesso de Peso

Obesidade

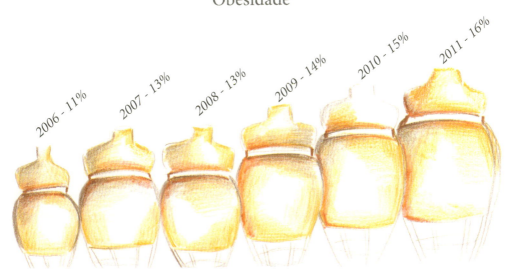

Fonte: VIGITEL Brasil 2011/ Ministério da Saúde

Fui ao inferno mil vezes e, entre idas e vindas, movimentei para dentro e para fora do meu corpo mais de meia tonelada composta de gordura, adiposidades, dobras, massa óssea e massa muscular, além de minha autoestima, minha vida profissional e social, minha dignidade e a plena e assustadora incapacidade de parar tudo aquilo!

Sem "senso de noção"

Mesmo completamente atolada na Obesidade Mórbida, nunca me conformei em ser gorda: estive gorda, mas essa não era minha sina porque eu não queria! Essa decisão emocional faz toda a diferença para buscar esclarecimento, diagnóstico e opções de controle da Obesidade. Exige muito da vítima porque, afora esse caminho, não há mágica que dê jeito.

Um exemplo: diariamente, às 6 horas da manhã, o Bró, um dos assistentes do meu *personal trainer*, Isaías Rodrigues, chegava a minha casa para me tirar da cama e me convencer a malhar de novo (como no filme *Feitiço do Tempo*, de 1993, dirigido por Harold Ramis, em que o protagonista vive o mesmo dia, todo dia).

Eu tentava fugir e precisava fazer um esforço gigantesco. Com mais de 100 kg na silhueta deformada, sem hormônios eficientes que dessem conta da ausência da tireoide, extirpada tempos antes, sem ter dormido a noite inteira porque ocupava o tempo comendo e perambulando sem rumo pela casa, mergulhada na cegueira que se apossa da maioria dos obesos renitentes, eu seguia no que acreditava ser a minha luta para derrubar o ponteiro da balança, mas me encontrava presa em um labirinto.

Em casa, ninguém percebia a gravidade do meu quadro, nem desconfiava que eu passasse a noite comendo, ou o fazia a qualquer momento em que me via sozinha. Perpetrei muitas situações tragicômicas!

Numa consulta a um endocrinologista em que fui acompanhada por meu marido, Mario Sergio, num dado momento da anamnese, o médico perguntou: "Você come à noite?" Ambos respondemos ao mesmo tempo, enfaticamente! Ele: "Não!" Eu: "Sim!" Olhamos um para o outro, ele incrédulo, perguntou: "Você come à noite?!"

Enquanto o médico disfarçava, anotando algo, eu confessei que sim: eu comia à noite e durante a madrugada inteira. E minha família simplesmente não flagrava meus ataques à geladeira.

Comer compulsivamente, durante horas sem parar, era um ato solitário, sorrateiro e que fugia à minha capacidade de controle. Tanto quanto mentir que "dieta nenhuma resolvia", comportamento básico de obeso inconsciente e destemperado.

Mas a evolução inevitável do caminho que eu trilhava tinha muitas outras evidências, é claro. Em casa, fazíamos questão de reunir a família para os almoços diários, a fim de mantermos a convivência à volta da mesa. Isso funcionava também para cultivarmos as relações familiares. Eram, a despeito da minha doença, bons momentos, mas uma sombra me acompanhava. Eles contam que eu enchia dois, três pratos de comida e limpava tudo. Ficavam abismados, se entreolhavam e se cutucavam.

Eu não percebia que estava comendo tanto. E se alguém mencionasse isso, eu rechaçava imediatamente, num discurso assertivo sobre ser dona das minhas próprias escolhas! Pura encenação!

Janete Leão Ferraz

Ponto de referência?

Na trilha da Obesidade, dos estágios iniciais aos mais graves, o gordo não se dá conta exatamente que suas formas estão se avolumando, sabe? Não tem consciência sobre o próprio peso. Precisa de um sacolejo do mundo externo para cair na real. Um alarme!

Eu me toquei que estava muitíssimo acima do peso ideal quando passei a ser aquilo em que as pessoas, de forma cruel e até inconsciente, transformam os gordos: um ponto de referência.

Um dia, saindo do prédio em que morávamos na Avenida Angélica, em São Paulo, ganhei a calçada para ir à farmácia. Poucos metros à minha frente, uma garotinha de mãos dadas com a mãe soltou a frase que cairia sobre a minha cabeça feito uma bomba: "Ali, mamãe, perto daquela GORDA?" A mulher olhou para mim e eu automaticamente olhei para trás, tentando localizar o que a menina indicava. A calçada estava deserta atrás de mim...

A gorda à qual ela se referia era EU! A gorda era EU e ponto! Voltei aos prantos para casa, contando a história como uma grande novidade, diante da qual não saquei os olhares nem um pouco surpresos de minha família.

Foi um choque. Principalmente porque eu nunca pensei que pudesse viver esse outro lado. Na casa de meus pais, fomos criadas três irmãs. Eu sempre fora a magrela da família. Minhas irmãs Janice e Josane (eu sou a do meio) eram rechonchudas, e a mais velha, gordinha desde pequena. Por quê? Ora, explicavam os idosos, ela vivera com nossos avós libaneses durante seus dois primeiros anos de vida, criada cheia de mimos por nossa avó e tias. A gente brincava que, quando ela abriu a boca pela primeira vez para chorar, enfiaram-lhe goela adentro uma boa bola de quibe cru. Nossa família árabe, sabe como é? Comida é assunto, tema e exagero perenes e bem intencionados...

Eu sempre peguei no pé dela por ser gordinha. Xingava-a: "Sua goooorrrda!" E achava que isso a desafiaria a ser magra como eu, a fazer regime. Que aquilo moveria nela uma força capaz de fazê-la emagrecer, "tomar jeito" e perder peso. Eu achava que ela era gorda porque queria. Hoje me arrependo profundamente por ter feito isso com ela. Só após os 40 anos de idade, descobri na própria pele que Obesidade é uma doença. Uma doença grave e fatal! Que tem apenas controle e não cura.

Não se trata de condicionamento emocional, falta de determinação ou de força de vontade. Não é uma questão de "cabeça", ou psicossomática. É doença, pior que o alcoolismo, mais difícil ainda que a diabetes, ou hipertensão, pois Obesidade não é um lance comportamental ou de autoestima. É uma doença cujo diagnóstico e controle são tão diferentes quanto são as diferenças entre as impressões digitais de cada ser humano. Todas parecidas, mas nenhuma idêntica à outra. Logo, o diagnóstico e os tratamentos são possíveis somente se individualizados! Assim também ocorre com o câncer e com outras doenças que acometem em larga escala nossa população!

É difícil, mas não é impossível sair dela rumo a uma existência mais plena, rumo à beleza da saúde e à saúde da beleza! Não tem cosmética que resolva.

Janete Leão Ferraz

A vida com muitos e muitos
e muitos e muitos quilos a mais

Sempre curti esportes e atividades físicas. Por isso, quando me tornei gorda, a minha pior sensação foi perder também a inteireza, a noção do meu corpo. Quando a gente aumenta muito de peso, perde a noção do nosso espaço dentro do espaço comum, perde os limites dos próprios contornos. Perde o equilíbrio físico e mental, além de muitas outras sensações básicas.

Nos anos todos em que passei lutando contra a Obesidade Mórbida, entrando e saindo de spas, fiz muitos amigos gordos reincidentes. Vi, ouvi e acompanhei milhares de histórias semelhantes à minha, além de verdadeiras aberrações, bem mais graves. Fiz um inventário completo sobre as incontáveis dificuldades e mudanças de hábitos que obesos precisam fazer no seu dia a dia para dar conta de demandas triviais.

Graças aos deuses, como sempre fiz ioga e pratiquei esportes, essa coisa da elasticidade, da memória corporal, me ajudou bastante. Então, com muitas adaptações, nunca tive problemas para fazer adequadamente a minha higiene. Não posso dizer o mesmo com relação a outras ações corriqueiras. Ora, com 50 quilos além do seu normal, você começa a descobrir novos conceitos de limites. Calçar sapatos, por exemplo, precisava ser por etapas. Primeiro enfiava o pé no calçado com ele no chão. Depois, trazia-o alguns palmos acima, descendo um pouco o tronco, lutando contra a barrigona. E, naquela zona entre levantar um pouco a perna e dobrar um pouco o corpo, havia um cisco de coincidência durante o qual eu abotoava ou amarrava os sapatos. Mantendo um intervalo de tempo entre um pé e o outro, porque suava e cansava à exaustão. A partir dos 110 kg, passei a usar somente sapatos de fácil encaixe, sem saltos, detalhes ou qualquer bossa. Na sequência, apenas chinelos.

Uma das curiosidades que eu também observava nos grandes obesos com os quais convivi nos spas era o fato de, mesmo sob um rigoroso inverno, exibirem apenas chinelos nos pés. Não é só a dificuldade do ato de calçar o sapato que impele a isso, mas também o inchaço que atinge os membros inferiores, tornando o pé anatomicamente inviável a qualquer modelo que não seja pantufas ou chinelos de dedo, três ou quatro números maior do que o que se calçava quando magro.

E cruzar as pernas? É o grande sonho de consumo corporal de qualquer gordo. Cruzar as pernas era também para mim um desejo dos mais acalentados. Passei nove longos anos sem realizar tal proeza. A gente até consegue, de supetão, levar o pé ao joelho oposto. Segurando-o ali, simula-se um princípio de cruzar de pernas que só será passível de consumação com uns 30 ou 40 quilos a menos, com a diminuição drástica do tecido adiposo que se acumula nas pernas. Outra aspiração feminina é entrar num jeans e ficar bacana.

Na cama com a gorda

Se cruzar as pernas era um desafio inalcançável ao pesar mais de 135 kg, usá-las para manter relações sexuais com meu marido era uma manobra insatisfatória, mas possível. Para não interrompermos nossa vida sexual, ele teve que se adaptar a "outra" mulher, diametralmente oposta àquela com a qual se casara. E aceitar a imposição de só transarmos no escuro, sem qualquer luz acesa, e sem me tocar em algumas partes do corpo. Menos ainda comigo por cima, e com mil e uma outras limitações!

Outro horror que flagra gordinhos e gordões é a ditadura da magreza como atestado de bom caráter, ou *sex appeal*! Hoje, ser gordo é considerado crime! Fraqueza de caráter! Os valores piraram.

Antigamente, ser desonesto, sacana, estelionatário e mil e um outros adjetivos desabonadores é que era considerado defeito de caráter. Atualmente, quem carrega um corpo obeso é discriminado como um canalha, ou safado! Horror dos horrores! Em consequência, doenças emagrecedoras como bulimia e anorexia apavoram e vitimam muitos jovens e suas famílias.

O cara ou a menina podem ser o que forem, mas têm que ser magros! Podem ser malsucedidos, mas têm que ser magros! Podem ser burros, mal informados ou alienados, mas têm que ser magros! Pode ser doente, anoréxico, bulímico, como muitos ex-obesos com certas operações que aviltam o bem viver, a autoestima e o prazer de viver... Mas, ainda assim, a magreza é o *must*!

Que deturpação dos padrões é essa que mutila, assassina, transforma em alcoólatras, psicóticos e doentes aqueles que pagam qualquer preço para entrar no valorizado figurino da magreza, alegada bela?

Perdoe, caro leitor, o desabafo. Voltando ao tópico em questão, a Obesidade grave, diria mesmo que já a moderada, impede uma vida sexual plena. Começa que a gente não enxerga o próprio órgão sexual. Ainda que se possa tocá-lo, ou completar uma relação sexual tradicional, as adiposidades atrapalham chegar ao ponto G da questão.

Se é sabido que até magros que ingerem antidepressivos perdem a libido, o que dizer então de uma fêmea gorda e depressiva, que não enxerga a própria vagina e, ao tocá-la, nem a reconhece, tamanha a mudança de protuberância e as dobras?

Para mim foi zero de orgasmo, num corpo que quase chegava lá e numa mente que só se tornava cada vez mais embotada pela gordura e também por remédios, insatisfação, infelicidade e autorrejeição.

Nunca interrompemos nossa vida sexual, Mario Sergio e eu, mas hoje avalio que estive ausente também nos momentos íntimos.

Fechada para o mundo

Eu me isolei. Não aceitava convite algum para qualquer evento e nem mesmo continuei a receber em nossa casa, antes cenário semanal de festas e encontros de amigos. Para me tirar de casa, precisava de um guindaste, fosse por causa do meu estado emocional ou por conta do peso mesmo.

Era difícil demais e doloroso me expor. Hoje resgato alguns flashes que passam em minha mente como se fosse a memória de um filme, em que eu era figurante. A depressão aliada à Obesidade embotou meu corpo e minha mente, mantendo-me distante de mim mesma! Eu não me sentia, não me achava e, cada vez mais, era impossível manter uma persona social, pública ou apenas aquele "eu" de antes.

E tinha o suplício do figurino! Já notaram como roupa para gordo é sinônimo de peças sem graça, sem charme e sem *sex appeal*? Eu tive uma centena de estilos. E doei repetidamente todas as roupas que mantinha no meu closet. Prometia a mim mesma, mil vezes, que, doando aquelas coisas, emagreceria e, então, vestiria a nova mulher que, sabia no meu íntimo, ainda surgiria, ou ressurgiria!

Quando passei do manequim 40 ao 48, as roupas mais joviais, exóticas, transadas e chamativas foram substituídas por ternos e vestidos longos, variando do bege escuro ao preto, em modelos quase idênticos. Do 50 até o 58, número que cheguei a vestir no auge da doença, aos 135 kg distribuídos em forma de paralelepípedo no meu 1,80 m, joguei a toalha (*superking*, diga-se).

Foi nessa época que, para o lançamento de um livro sobre aventuras do qual eu era coautora (com Barbara Gancia e os fotógrafos Jr. Duran e Bob Wolfelson), recorri à minha amiga, a *personal stylist* e fashionista Silvânia Lisboa, ironicamente, minha companheira magérrima de passarelas nos anos 1980.

No dia do lançamento, em pleno vão livre do Masp, em São Paulo, usei uma imensa calça preta, um top apertadíssimo no mesmo tom e uma capa, igualmente negra que apelidei raivosamente de "lona de circo". Recomendei à Selminha, a maquiadora que me acompanha desde minha época de modelo: "Você TEM que fazer uma maquiagem que me emagreça!" Ela nada disse. Entretanto, como habilidosa profissional que é, deve ter pensado que poderia fazer o impossível, mas milagre, não! Selma foi quem me maquiou para as fotos atuais deste livro.

No decantado lançamento daquele livro de aventuras, não cumprimentei mais de meia dúzia de amigos íntimos que chegaram até mim, na lateral de onde ficaram os outros autores. Além de me sentir enorme, faltava-me fôlego até para me manter em pé sobre saltos baixos, mas completamente torturantes devido ao peso que eu carregava. Minha pressão arterial chegou a 25 por 18 naquela noite e, além dos antidepressivos, eu já era obrigada a tomar remédios contra a diabetes. Eu me sentia mal demais!

Os outros autores saíram nas colunas sociais, deram entrevistas, foram a programas de TV. Eu não! Eu sumi. Não saí em nenhuma foto. Simplesmente não existi. Quase ninguém me fotografou, por respeito ou por vergonha. Depois, um amigo, colunista social, segredou-me: "Não coloquei sua foto porque você ia ficar p. da vida comigo... Querida, o que houve com você? Você está uma baleia!"

Tempo de partilhar

Em casa, ninguém me aguentava, porque era spa para cá, dieta para lá, eu não pensava em outra coisa. Passava meu tempo trabalhando e reclamando da Obesidade! Do espelho, do efeito sanfona! Um dia, meu filho Pedro, adolescente, olhou-me e, cansado daquilo, sentenciou: "Mãe, você tem que aceitar que é gorda e pronto! Para de lutar contra isso!"

Aquele apelo caiu feito um raio sobre minha cabeça. Ele, aos 14 anos, vinha convivendo comigo gorda há mais de cinco, simplesmente não se lembrava de que tivera uma mãe magra. Fiquei imaginando os amiguinhos dele, vizinhos nossos, parentes, pessoas que me conheceram depois do câncer de tireoide, quando piorou meu quadro de Obesidade.... Uau! Quanta gente deveria acreditar que eu fui gorda desde sempre?

Eu, que tinha sido magérrima a ponto de me apelidarem de *bis-*

cuit, respondi ao Pedro: "Não, não e não! Não vou aceitar isso nunca, eu não SOU gorda, ESTOU gorda". Quando recuperei a silhueta de não obesa, meu filho rememorou: "Você tinha razão, mãe! Essa 'você' combina mais mesmo!"

Lutei muito contra a Obesidade desde os 37 anos. De forma obsessiva, a partir dos 40. Não desisti até encontrar o caminho do que considero ser a minha cura: estabilidade de peso, num patamar 65 quilos abaixo dos 135 que cheguei a pesar, e restabelecimento do limite de saciedade no cérebro. Uma saga que, somente depois de oito anos de consolidação de uma cirurgia bem-sucedida, posso agora relatar neste livro, porque contá-la só já não me basta.

É preciso que mais e mais pessoas, gordas ou magras, comecem a entender e disseminar a conscientização sobre a gravidade da doença Obesidade! E descobrir que há alternativas que resguardam uma condição digna de vida, uma vida dita normal. É possível! Esse conhecimento precisa ser disseminado, antes que muitos mais de nós sejamos presas dessa doença, enquanto a ciência oficial se concentra apenas em estatísticas, estudos de população, disputas egoicas e gananciosas e histórias "pra boi dormir" sobre cirurgias que não resolvem ou podem até agravá-la.

Minha intenção é partilhar as experiências vividas. E esmiuçar dúvidas e mistérios que envolvem os tratamentos clínicos, como as dietas e os procedimentos cirúrgicos. O que é aviltante e mutilante? O que pode funcionar? O que não funciona e que pode levar a vivências traumáticas e sequelas humilhantes?

Embora hoje todas as técnicas e medicamentos sejam disseminados, fala-se em "mediquês"! Falta esclarecimento para o leigo. As pessoas, de modo geral, ainda não têm pleno entendimento do papel dos hormônios no ganho ou na perda de peso, do que é realmente a Obesidade, por que ela cresce em ritmo acelerado e mata. Como é possível controlá-la?

É preciso esclarecer ao leigo, principalmente, os enganos e as medidas paliativas que vêm permitindo, senão cultivando, esse crescimento exorbitante da população obesa, dentre crianças, adultos e idosos.

Desejo partilhar tudo o que passei e pesquisei até encontrar a trilha do emagrecimento saudável, para encurtar o caminho e o tempo dos que ainda precisam empreender essa luta, além de impedir que o que sofri continue se repetindo.

Janete Leão Ferraz

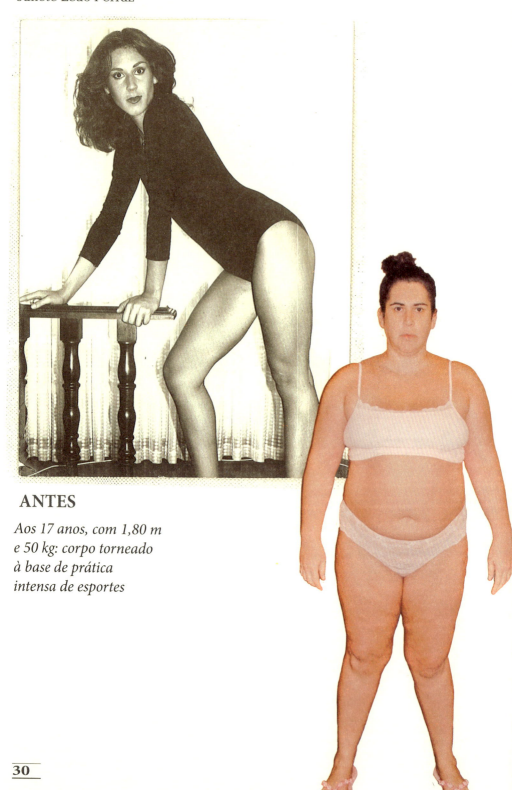

ANTES

Aos 17 anos, com 1,80 m e 50 kg: corpo torneado à base de prática intensa de esportes

DE TOP MODEL A EX-OBESA

DEPOIS

Aos 53 anos, com 76 kg: sensação de cura e estabilidade corporal e emocional. Caminho e faço ioga diariamente e pratico stand-up paddle

DURANTE

Antes magérrima, dos 35 aos 44 anos pesei entre 75 kg e 135 kg

Janete Leão Ferraz

Durante nove anos e meio, mergulhei em dietas e internações em spas. Comia compulsivamente, mantinha a malhação e fazia massagem três vezes por semana. Sofri ainda com a depressão associada à retirada da tireoide por conta de um câncer

DE TOP MODEL A EX-OBESA

33

II
Corpo de Modelo e Manequim

Olhar no infinito, corpo ereto, leve inclinação do tronco para trás, quadris projetados para frente de forma quase imperceptível, braços delicadamente soltos seguindo a linha do corpo e pés bem plantados no chão, o direito milímetros à frente do esquerdo. Com 1,80 m e magra como um palito, eu seguia atentamente as orientações de madame Christine Yufon. Ao me diplomar em seu rígido curso que formava modelos e manequins (não existia a denominação *top model* naquela virada dos anos 1970/80), ela decretou com aquele ar chiquérrimo e o eterno sotaque sino-anglo-francês: "Janete, seu destino é Paris... Porque você é um cabide!"

Com 17 para 18 anos, cheguei ao seu estúdio pelas mãos de minha tia Terezinha Ferraz. Peruésima, eternamente jovem e agitada, minha amada tia frequentava o Colonial, salão de cabeleireiro sofisticado de São Paulo. Vez ou outra, eu a acompanhava. Certo dia, um dos cabeleireiros – também ainda não existia a nomenclatura *hair stylist* –, o Alfonsus, um dos mais disputados entre as chiques e ricas mulheres paulistanas, olhou-me de alto a baixo repetidamente e, enquanto desenhava um coque delicado nos cabelos de minha tia, segredou-lhe: "Se você levar essa menina para a Christine, eu a lanço como modelo".

Naquela época, e por décadas, Christine Yufon foi o *must* entre as famílias abastadas de São Paulo. A ela, as senhoras entregavam suas filhas para serem lapidadas finamente nas artes de postura, elegância e etiqueta, fosse para se exibirem na sociedade ou para se tornarem esposas prendadíssimas de promissores rapazes do *high society*.

E ela era mentora e docente também do curso de "Modelo e Manequim", destinado a poucas que ultrapassavam seu minucioso crivo. Numa entrevista pessoal da poderosa chinesa – que usava bengala fina para, ao bater no chão, manter a ordem e a disciplina, marcar passadas e pivôs, sinalizando às aspirantes –, ela decidia quem poderia frequentar seu curso profissionalizante.

Ensinava a andar, sentar, olhar e falar, vestir, adornar, automaquiar, entre outras expertises voltadas especial e minuciosamente à arte de desfilar em passarela. Tudo baseado em princípios rígidos de educação refinada, elegância, disciplina e bom gosto. Apesar das mensalidades caríssimas, ela não titubeava em reprovar quem não estivesse a contento no prazo de 90 dias, com aulas de segunda às sexta-feira, das 13 às 17 horas. Os cursos aconteciam no casarão onde ela reside e leciona ainda hoje, no bairro de Higienópolis, em São Paulo. Minha turma era composta por um grupo de dez alunas, todas bem altas – eu era a mais longa daquela safra.

Ela nos recebia numa sala decorada com um imenso tapete vermelho que terminava num espelho não menos avantajado. Aulas individuais e atividades conjuntas também rolavam no pátio externo, ornado com plantas e objetos de arte reunidos durante sua carreira internacional de manequim de alta-costura e de idas e vindas pelo mundo. Lá ficava nossa "passarela *test-drive*", onde repetíamos à exaustão, entre muitas técnicas, um clássico dos exercícios de postura: andar, equilibrando um livro de bom calibre sobre a cabeça, elegantemente, numa linha reta, corpo alongado, sob o olhar atento de Christine. Quem se encurvava ou entortava o pescoço recebia leves pancadinhas nas costas, ou nas pernas, com a tal bengala que ela nunca largava.

Christine era adepta do taoísmo e, além de postura corporal e boas maneiras, também passava um pouco de sua filosofia de vida. Dava boas lições, com repertório didático de altíssima qualidade, recheado de exemplos que, ao fim do curso, recebíamos em forma de apostila, bem embalado em uma pasta dourada.

Filha de diplomata, nascida em Pequim, a professora viveu parte da infância nas Filipinas. Ao retornar para a China, terminou os estudos em uma escola de Xangai dirigida por religiosos norte-americanos. Foi lá que conheceu o marido, o jovem francês Georges Collet. Com a ascensão de Mao Tsé-Tung, o casal deixou o país e morou uma temporada em Paris, antes de investir no sonho de fazer a América. Christine tinha já um filho e estava grávida do segundo ao desembarcar com a família no porto de Santos e rumar para São Paulo, onde se fixou no bairro de Higienópolis.

Altíssima, magérrima e... complexada

Com 1,68 m e porte impecável, Christine Yufon fez carreira de modelo internacional. No Brasil, desfilou para a antiga Casa Vogue, uma das *maisons* mais chiques da cidade em meados do século passado, e para a estilista Maria Augusta Teixeira, a convite de seu assistente, Dener, que se tornaria um dos mestres da alta-costura brasileira nas décadas de 1960 e 1970. Tinha, portanto, bons contatos no mundinho da moda da São Paulo de então.

Ouvir dela o veredicto sobre minhas chances na passarela foi bastante animador e me abriu uma nova perspectiva de vida. E não só no que tangia à carreira profissional. Ela me ensinou a assumir minha altura e magreza e a me libertar de uma vida, até ali, repleta de recalques.

No lugar do Alfonsus, foi ela quem me lançou no mercado de trabalho, indicando-me para o primeiro desfile, seguido de contrato fixo na Pullsport, uma confecção e malharia feminina de alto padrão, com fábrica e *showroom* no bairro da Aclimação, em São Paulo.

Até fazer o curso de madame Yufon, eu era um anzol. Vivia encurvada e encolhida, tentando parecer menor, mais baixa, mais frágil, mais leve.

Inventava mil truques torturantes para "diminuir" a aparência. Aos 13 anos, eu ostentava cravados 1,80 m (com o passar dos anos, a gente encolhe um pouquinho e hoje tenho 1,79 m) e pesava 50 kg. Ou seja, cresci para caramba, super-rápido e era magérrima. O que hoje é o sonho de consumo de muitas meninas – como as que desejam ardentemente repetir a escalada de Gisele Bündchen, Raquel Zimmermann e outras *top models* famosas – era para mim uma completa e agonizante tortura.

Meu biótipo beirava a aberração para os padrões da época. A imensa maioria dos meninos da mesma faixa etária – pelos quais eu, inevitavelmente, me apaixonava – tinha no máximo 1,70 m. As meninas, menos ainda. Apelidavam-me de *biscuit*, cotonete de orelhão (uma referência aos telefones públicos que a companhia telefônica estava espalhando pela cidade naquele tempo, projeto assinado pela arquiteta sino-brasileira Chu Ming Silveira e premiado mundialmente).

Eu calçava 39 e as indústrias produziam sapatos, no máximo, até o número 37. Sobravam apenas duas desanimadoras opções: comprar os modelos feiosos da Casa Eurico, especializada em produtos para pés grandes, ou encolher os dedos e esmagar os pés nos sapatos número 37, mutilantes, no mínimo. E eu ainda mentia que serviam perfeitamente e me matava de dor para usá-los com cara de contente. Com os pés torturados pelo encolhimento forçado, lá ia eu aos bailes e baladinhas de porão, *must* da galera nos anos 1970. Ainda tinha que aguentar outras gozações: diziam que eu esquiava com os pezões, dispensando as pás do esqui. Alugavam-me muito! E ninguém falava em *bullying*, era assim e pronto!

Como todo mundo tem que dar jeito para sobreviver à dor de adolescer, penso que foi aí que passei a desenvolver, mais amiúde, uma personalidade extrovertida. Estava sempre com amigas e primas bonitas e de estatura média. Eu era a simpática, a alegre, a agitada! Na verdade, eu tentava compensar o que julgava defeito: "Ela não é bonita... É simpática... Não... Ela também é bonita", ouvia zunzunzuns dos meninos.

Tornei-me popular entre os jovens de minha roda social logo cedo. Participava ativamente de um grupo juvenil ligado aos Lions Clubes, o Clube de Castores de Guarulhos (SP), do qual fui presidente entre 1977 e 1978. Agitava muitas festas temáticas, que reuniam os jovens, arrecadando doações para os projetos sociais do Lions, e ocupava a turma com atividades tidas como salutares. Mobilizava um bocado.

Tudo ia parar nas colunas sociais do jornal local *Guaru-News*, no qual mais tarde trabalhei como jornalista iniciante. A participação nesse grupo marcou o embrião da jornalista que me tornei. Ao entrar para o grupo, ocupei o cargo de diretora social e fazia um divertido jornalzinho mensal.

Anorexia passageira e despercebida

Sempre alimentei o desejo de parecer *mignon*. Para ter essa sensação, procurava namorar rapazes mais altos, o que era uma raridade. Meu primeiro namorado, Darcio, tinha 2,02 m e jogava basquete profissional. Era o melhor amigo de minha irmã mais velha, Janice, e muito ligado à nossa família.

Namorar o Darcio foi a glória pra mim! Ele jogava na seleção brasileira de basquete e passei a frequentar também as arquibancadas dos jogos oficiais. Quando terminavam as partidas e eu ia ter com ele, sentia-me *mignon*. Entre ele e seus companheiros de time, enfim, eu parecia baixa. Podia saborear o que acreditava ser a vida das minhas amigas e primas.

Mas o *affair* durou pouco e outros namorados, menos altos, foram eleitos nos anos seguintes. Quando eu presidia o Clube dos Castores, o cara da vez era o Juan, um descendente de espanhóis cuja constituição física aparentava ser menor do que a minha, embora tivéssemos a mesma altura.

No início daquela fase, encontrava-me mais encorpada, variando entre 65 e 70 kg, mas queria obstinadamente ser menor que o namorado. Aproveitei que a escola, os esportes e as atividades dos

Castores tomavam meu tempo, dia e noite, e passei a ficar até quatro ou cinco dias sem ingerir nada. Não comia nunca, ou quase nunca.

Eu não desejava exatamente emagrecer, nem tinha consciência de que aquilo poderia ser uma doença. O lance era o meu imenso desejo de ser menor. Minha melhor amiga, Marcia, tinha 1,50 m e namorava o George, melhor amigo do Juan e com estatura uns 10 cm inferior à nossa. Formávamos dois casais inseparáveis e as comparações eram, para mim, inevitáveis. O George carregava a Marcinha no colo, brincava de levantá-la. Ela era baixinha e ágil. Uma farrista amada, que foi minha inseparável companhia até a faculdade de Jornalismo, em São Bernardo do Campo, ABC paulista, quando partilhamos a mesma república.

Na época do colégio, entretanto, o panorama que descrevi me levou a emagrecer. Como eu quase não parava em casa, ninguém à minha volta percebeu que eliminei 30 quilos em menos de três meses. Hoje sei que vivi um período de anorexia. Ficava sem comer e não sentia fome. Lembro-me vivamente que cheguei a pesar pouco mais de 40 kg.

Em 1977, o Clube de Castores, sob minha liderança, organizou um baile de debutantes na cidade, a fim de apresentar as jovens bem nascidas à sociedade, uso brega-pretensamente-chique, muito em voga naqueles idos. Naquela safra, fui apresentadora do "Baile-Show" junto com o ator e locutor Fausto Rocha, famoso galã da TV na época. E foi naquela noite que caiu a ficha da gravidade da minha abstinência prolongada de comida. Em pleno apogeu da festa, enquanto as donzelas vestidas de longos brancos, cheios de tules e tafetás, iniciavam a valsa com seus pais, no palco, com os pés esmagados num sapato número 36, eu, ploft, desmaiei. Tive um apagão, suava muito e fiquei gélida, pálida e assustada.

Socorreram-me disfarçadamente e me recuperei, mas perdi o restante do baile e hoje sei que aquilo foi uma crise de anorexia. Vestia calças 34 e, quando me sentava no colo do Juan, ele reclamava que meus ossos machucavam as coxas dele. Em fotos da época, percebe-se claramente a perda de peso: supermagra, eu virei só cabelo e nariz. O episódio passou batido por minha família e amigos. Afinal, mesmo pesando míseros 40 e poucos quilos, a tenra idade permitiu-me manter alguma musculatura corporal e a prática de mil atividades.

Ginástica no banheiro!

Felizmente a anorexia passou e retomei meu corpo habitual. Nunca mais padeci daquela sensação. Segui com minha ampla ossatura, massa magra trabalhada e muito músculo, já que desde muito pequena praticava esportes.

Como minha mãe não sabia exatamente o que fazer comigo, desde a conturbada pré-adolescência – eu era agitada e vivia me metendo em encrencas –, o lance foi me manter ocupada. Eu fazia aulas de ioga, violão, sanfona, piano, corte e costura, bordado, datilografia e muito mais.

Fui campeã de natação pelo colégio e competia também em salto em altura e extensão, era atacante do vôlei, pivô do basquete e do handebol. As aulas terminavam ao meio-dia e eu permanecia na escola até 19 horas, treinando e me divertindo... Vivia roxa e arranhada, mas adorava a adrenalina! E mesmo que não fosse treino, jogava vôlei, queimada, brincava de pega-pega etc. Também fazia isso num dos três clubes dos quais éramos sócios.

Superatlética

Cultivava ainda uma mania de fazer abdominais sozinha, no imenso banheiro que dividia com minhas duas irmãs na casa de meus pais, Jair e Therezinha... Sei lá onde aprendi isso. Dos 13 até os 16 anos, antes de entrar no chuveiro repetia o ritual: escrevia num papel a palavra "Gorda!!!" e o colava no azulejo do box do banheiro, protegido por um plástico. Assim, quando entrava para tomar banho e via o "lembrete", dava meia-volta, jogava uma toalha de praia no chão e sobre ela perpetrava nada menos do que 300 abdominais. Todos os dias! Ainda não se faziam abdominais com as pernas dobradas, para poupar a coluna. Era aquele movimento em que se dobra o tronco sobre as pernas esticadas. Eu me chamava de gorda, mas não era, só para não esquecer de fazer os abdominais. E completava com outras centenas de polichinelos: uma agitação usada para aquecimento nas aulas de ginástica em que se pulava sem parar, abrindo e fechando pernas e braços ao mesmo tempo. Mas, reitero, não me achava mesmo gorda. Tinha consciência corporal e me sabia esguia. Penso que a vaidade, curiosa e contraditoriamente, era o mote dessas invencionices.

A paixão pelos esportes náuticos também sempre me acompanhou. Até hoje, velejo, pratico *stand-up paddle*, nado e brinco por horas e horas no mar. Gostava muito de nadar em piscina, competir em nado livre e fazer mil acrobacias aquáticas. Meus pais sempre nos levavam à praia nas férias escolares e conheci Ilhabela, no litoral norte paulista, quando tinha 1 ano de idade.

Depois, aos 18 anos, apaixonei-me de vez pela Ilha, passando a frequentá-la constantemente até hoje. É refúgio e parque de atividades físicas ao ar livre e na água.

Vida de modelo

Com 18 anos, eu já era independente financeiramente, ganhava meu próprio dinheiro trabalhando bastante como modelo e manequim. Depois que fiz o curso da madame Yufon e fui para a Pullsport, logo entrei para o seleto grupo de dez ou 12 mulheres que dominava o circuito das passarelas na São Paulo da época.

Como não existia o título *top model*, a gente se dividia entre as "manequins", que mediam 1,80 m ou mais e faziam carreira desfilando nas passarelas da alta-costura e do *prêt-à-porter*, e as "modelos", mais baixas, que figuravam editoriais de moda em revistas, publicidades, catálogos etc. Bruna Lombardi era uma das musas, entre essas! Lindíssima e baixinha, estava em quase todas as capas das grandes revistas. Eu me enquadrava no privilegiado grupo das duas categorias: "manequim e modelo" era a designação que constava em meu cartão profissional.

As modelos de revistas tinham maior projeção. Nesse time, figuravam Rose Di Primo, que começou modelando nos anos 1960, atuou como atriz na década seguinte e nos anos 1980 posou nua para revistas masculinas. Luiza Brunet ganhava fama como modelo exclusiva das calças Dijon e construiu uma destacada carreira nos editoriais de moda e ensaios de nu artístico.

Eu, não. Simplesmente odiava fotografar, mesmo depois de uma bem-sucedida plástica no nariz, antes alto, aquilino e detestado por mim. Também não curtia o glamour e a vida nas passarelas, mas trabalhava bastante, ganhava muito bem, enquanto cursava a faculdade de Jornalismo – esse, sim, meu ideal de futuro profissional.

Integrante da "panelinha" de manecas de 1,80 m, magérrimas, eu atuava no circuito de desfiles característico daquela época no Brasil. Mas não tinha cobertura televisiva, essa coisa *business-fashion* que hoje transforma modelos em celebridades milionárias. Não, não, a gente era um bando de raladoras. Era cansativo, mas eu conseguia me divertir e ganhar o suficiente para me sustentar e guardar dinheiro, levando um estilo de vida sofisticado.

No lugar dos grandes eventos como São Paulo, Rio, Nova York, Milão e Paris Fashion Weeks, nos anos 1970/1980, a moda era divulgada em desfiles organizados pelas donas de butiques e *maisons* de moda. Cada uma fazia seu evento para apresentar novas tendências às suas clientes. Desfiles badalados eram os que aconteciam em chás diurnos no Terraço Itália, boates da moda, como o Gallery, ou noites de gala para plateias de até 600 pessoas em clubes como Círculo Militar e Hebraica.

Desfilávamos alta-costura para *maisons* famosas e estilistas como Ronaldo Esper, Fernando José, Sergio Klein e Clodovil. Entre as butiqueiras, minha turma estava presente nas passarelas das mais famosas, como Alzira Macedo e Ornella Venturi. Também desfilávamos as novidades em programas de TV, como os da Hebe Camargo ou o Japan Pop Show.

Passávamos por perrengues inenarráveis, trocando roupas em espaços diminutos, onde meia dúzia de modelos se acotovelava para se automaquiar, disputando espaço também com as araras de roupas, sapatos, chapéus e acessórios. No programa da Hebe, que era exibido pela TV Bandeirantes, ao vivo, o elevador que dava para o estúdio fazia as vezes de camarim onde trocávamos de roupa antes de adentrar o palco e desfilar.

Havia ainda os badalados desfiles da Febraca (Federação Brasileira de Cabeleireiros), nos quais cada profissional tinha suas modelos. Eu desfilei com exclusividade por quatro anos para o Domenico Oristânio, sócio do salão De La Lastra. Eram, para nós, supershows, com cortes de cabelo no palco e o penteado feito e transformado na hora, cada cena intercalada por coreografias de dança, exaustivamente ensaiadas horas antes. Foi assim que conheci o Rei da Noite, Abelardo Figueiredo, diretor da casa noturna O Beco, onde fizemos shows de lançamento de tendências para cabelos, com coreografias e figurinos, luzes, ensaios. Verdadeira superprodução para a época. Os eventos da Febraca também aconteciam nos salões de convenções do Novotel do Morumbi, em São Paulo, e em clubes. Eram sempre festivos e logo ganharam patrocínios da Wella e da L'Oréal, e ares de superespetáculos.

A maquiadora oficial dos desfiles de cabelos era a Selminha, do De La Lastra. Agora atuando no salão Amica, nos Jardins, em São Paulo, ostenta em sua disputada agenda maquiagens de casamentos e festas das mulheres de gerações e gerações integrantes das famílias paulistanas mais tradicionais. Muitos dos *hair stylists* badaladésimos de hoje, como Celso Kamura e Murilo de Souza, entre outros, iniciaram suas carreiras com os pioneiros Jacques Janine, Verner Fincher, Rafael De La Lastra e o Domenico Oristânio.

Ser modelo exclusiva do Domenico era uma bênção! Profissional ético e competente, ele nunca cortou meus cabelos sem que eu desejasse. Eu os cultivava num chanel longo, na cor natural, negro asa de graúna. Ao bom cachê pago a cada desfile, somava-se o direito a todos os serviços, de graça, no De La Lastra, que existiu pujante até os anos 2010 no mesmo endereço, nos Jardins. Para cortes e tinturas demonstrativas, ele contratava outras modelos, cuidando do meu cabelo e "ensaiando" penteados semanalmente para revelar novas técnicas nos desfiles.

Antes de Domenico, trabalhei durante um ano para outro cabeleireiro cujo salão ficava numa travessa da Avenida Paulista. Nossa parceria terminou em briga porque ele descoloriu meus cabelos, deixando-me ruivíssima, o que me custou a bem sacada alcunha de *Inferno na Torre*, ideia de meus colegas de faculdade, que me deixou furiosa! Aludia ao filme homônimo dos diretores John Guillemin e Irwin Allen que retratava um megaincêndio num arranha-céu e estourava as bilheterias naquela era de grandes desastres enfocados pelo cinema norte-americano.

Janete Leão Ferraz

Duzentas trocas por dia

Além dos desfiles, havia o trabalho fixo nas confecções. Os fabricantes mantinham um pequeno time de manequins contratadas para exibir suas coleções aos lojistas em *showrooms* próprios, geralmente instalados dentro das confecções ou em seus anexos. Afinal era um Brasil bem mais têxtil do que o de hoje, sem abertura para importações e menos ainda à chinesização e indianização mundial; um país até então não globalizado.

Os estilistas e donos das confecções costumavam ir a Paris duas vezes ao ano, "inspirar-se" para criar suas coleções. Ou seja, assistiam aos lançamentos das grandes *maisons* e compravam peças que seriam copiadas na estação seguinte por aqui. Nossas confecções exibiam a moda que tinha sido usada um ano antes na Europa. As manequins podiam comprar os originais, chamados peças-piloto, então nós ostentávamos closets super à frente dos lançamentos locais, com visuais nem sempre compreendidos por amigos fora do mundinho da moda.

Também atuávamos como manequim de prova. Enquanto desenvolviam-se as coleções, mantinham-nos nas oficinas para que os estilistas fizessem em nosso corpo os reparos, ajustes e modificações finais das peças-piloto nacionais, que depois serviriam de molde para todos os tamanhos a serem fabricados e comercializados.

A produção, aliás, era hipersecreta. Como as informações não viajavam na velocidade da internet, as confecções desenvolviam suas coleções no maior sigilo, para não serem copiadas pela concorrência.

Fui contratada fixa da Pullsport de 1979 a 1982 e transitava entre o *showroom* e as salas de criação e pilotagem. Era dona do corpo que os estilistas da confecção exigiam: cintura de 62 cm, quadril que não passava de 90 cm, pouco busto. Tinha pernas fortes, musculatura trabalhada, magra, jamais esquálida. Era o típico manequim 38/40 de quem distribuía bem de 50 a 60 kg em 1,80 m de altura. Lembro até que, quando emagrecia um pouco e caía para o 36, os estilistas reclamavam. Eram medidas ideais também para a Ru-ri-ta, outra confecção para senhoras, Rhodia e Valisère, para as quais eu também trabalhei.

Quando se iniciavam as temporadas, partilhava o camarim da Pullsport com mais quatro manequins modelos. Silvânia Lisboa, Miss Minas Gerais em 1975, minha amiga até hoje, era uma delas. As outras, perdi de vista. Entrava às 9 horas da manhã e saía às 17h30, indo direto para as salas de aula do curso de Comunicação Social, com ênfase em Jornalismo, na Universidade Metodista, em São Bernardo do Campo.

A Pullsport lançava quatro coleções por ano (Inverno, Primavera, Verão e Alto Verão). No *showroom,* havia cinco salas envidraçadas, abertas para um corredor central. Os lojistas ficavam nas salas, tomando café e tricotando com os representantes de moda e nós desfilávamos a coleção no corredor central. Íamos em dupla. Cabelo com gumex, preso em coque colado à nuca, maquiagem supercarregada, salto 15 cm da marca Czarina – grife que, na época, fazia modelos até o número 39, exemplares que eu arrematava às dúzias nas liquidações, porque eles sempre sobravam nas prateleiras, já que as "pés-grandes" ainda eram escassas.

As coleções da Pullsport tinham de 140 a 200 peças. A cada uma das manequins cabia apresentar 50, em média, por "rodada" de clientes. No auge da temporada, chegávamos a trocar de roupa mais de 200 vezes por dia. E era de nossa responsabilidade manter as araras arrumadas e na sequência certa, entre o troca-troca de peças.

No vai e vem pelo corredor, a gente perdia a noção de tempo. Tinha dia que ficávamos até quatro horas seguidas andando para lá e para cá sobre o salto 15. Quando era hora do almoço, estávamos famintas! Mas tínhamos tempo de colocar um roupão e, maquiadas mesmo, de saltão e tudo, causávamos na rua, a caminho dos botecos vizinhos, onde batíamos bem fornidos PFs, os pratos feitos, junto com os operários das empresas do bairro. Nada de anorexia, bulimia e dietas! Nunca foi sequer assunto entre nós. Comíamos pratões de macarronada, frango, carne, arroz, feijão, ou seja, comida com substância! Não tinha essa história de folhinha de alface, aguinha e zero caloria, não.

Era um tempo em que a preocupação de não engordar nunca passou pela minha cabeça. Sempre comia o que tinha vontade e, ainda assim, mantinha o manequim 38 e 40. Era comum também emendar o fim das aulas, então transferidas para o período noturno da Metodista, com pizzadas nos ruidosos bares de Rudge Ramos, vizinhos à Universidade. Até minha mãe ficava espantada quando, ao visitá-la, eu mandava ver em até oito pãezinhos franceses com coalhada árabe e azeite, numa sentada. Sempre fui um bom garfo.

Tinha, provavelmente, um metabolismo ótimo, e a rotina de mexer o corpo me ajudava a queimar as calorias ingeridas. Eu vivia entre São Paulo, Guarulhos, onde meus pais moravam, São Bernardo do Campo, onde eu residia, e Ilhabela, nos finais de semana.

Ter sido modelo e manequim, embora desejando ser jornalista, foi sem dúvida a salvação e mudança de rota da minha autoestima física. Longe de sofrer por ser dona daquele corpo esguio, passei a ser admirada e invejada. Depois disso, até pesar 135 kg, nunca mais desqualifiquei meu corpo, nem desisti de lutar por ele. Entendê-lo, entender-me, por tantos diferentes caminhos que percorri, foi de fundamental importância para tudo o que fiz e vivi até hoje.

Minha rotina de manequim era bem diferente da vida das *über models* de hoje. Não tinha tanto glamour, e muita gente nos achava esquisitas. Eu mesma me sentia diferente, vivendo quase num universo paralelo ao das moças da minha idade. Vestia-me de forma, no mínimo, exótica no dia a dia, usando as peças-piloto francesas, compradas por pechinchas nas confecções para as quais eu trabalhava. Usava os cabelos em coques incomuns e estava sempre muito maquiada.

Mas esse quadro se tornou, na verdade, um triunfo perante minhas amigas. Todas me invejavam e imitavam. Claro que havia também quem me olhasse com cara de quem está diante de uma *drag queen*. Só abandonava o visual "maneca" na hora de dormir. Nos finais de semana, livrava-me de tudo e ia até a festas de cara limpa. Tornei-me uma mulher adulta ciente do impacto que causava, por onde fosse, e me acostumei com isso. Gostava de mim, finalmente.

Casamento e gravidez

Assim, com o espírito fortalecido, entrei em meu primeiro casamento e me tornei mãe aos 24 anos. Foi em Ilhabela, em 1978, acampando durante o verão, na companhia de uma prima jornalista e sua turma, que conheci meu primeiro marido. Praticávamos windsurf e costumávamos descer todos os finais de semana de motocicleta, ritual que se repetiu até a separação de fato, em 1983, quando eu estava grávida de seis meses.

Passei a gravidez à beira-mar e, após o nascimento de meu filho em São Paulo, fomos morar em Ilhabela até perto de ele completar 2 anos de idade. Um tempo de descobertas e mudanças radicais em minha vida! Tive barco de pesca de camarão e arranjei trabalho como jornalista: assessora de imprensa da Ilha, a primeira da cidade, que contava com 4 mil habitantes. Além de desfrutar a primeira infância de meu filho numa cidade pequena, eu intensifiquei as práticas de atividades físicas e de alimentação saudável. E, de quebra, ia me habituando à maternidade e à vida de solteira com um filho.

Minha gravidez foi absolutamente atípica! Com a menstruação atrasada há dias, e depois há meses (eu nunca soube o porquê), comecei a fazer exames de gravidez, que durante sete meses seguidos deram negativo. Um exame de ultrassom, novidade na medicina da época, observado durante a execução por dois médicos, um ginecologista e um estreante ultrassonografista, atestou útero vazio e negativo para gravidez. Tomei cartelas e cartelas de hormônios e uma lista sem fim de medicações visando a trazer de volta minha menstruação.

Num dado momento dessa epopeia, meu ex-marido propôs que esquecêssemos tudo e partíssemos numa aventura de motocicleta até a Bahia, costeando as praias por todo o percurso. Foram 40 dias em pleno verão de 1983, de sol e sal pelo litoral, acampando à noite, curtindo várias praias durante os dias. Eu sentia muito sono e vivia indisposta, além de me achar inchada, mas, como havia feito tantos exames, todos negativos, desisti temporariamente de buscar explicação para a ausência de menstruação por oito meses. Desencanei.

No retorno, como as regras não apareciam e eu retornava às passarelas ouvindo críticas sobre estar um pouco acima do peso de antes, fui praticamente obrigada por minha irmã mais velha, então já formada em Medicina, a fazer uma consulta com uma amiga obstetra.

Qual não foi o meu espanto e o dela quando, ao auscultar meu ventre, ela detectou um batimento acelerado. Virou-se para mim e disse: "Se você não está grávida, o que é isso?" Tumtumtumtumtumtum... Foi o barulho que ouvi pelo estetoscópio que ela colocou em meu ouvido. Repliquei segura: "Doutora, eu não estou grávida, veja meus exames! Isto deve ser meu coração!" E ela, completamente atônita e aos gritos replicou: "Não, não! Não! O seu coração é este aqui..." E mudando o estetoscópio de lugar, detectou: tumtum... tumtum... tumtum. Reposicionou o aparelho em meu ventre e novamente ouvimos a batida acelerada, diante da qual ela decretou: "A batida lenta é do seu coração! Essa rápida é de seu filho! Você está gravidíssima! Corra fazer um novo ultrassom".

Diante de uma especialista mais experiente, confirmei o diagnóstico positivo. Ela estava certa! E eu, com mais de três meses de gravidez. Logo depois, o casamento acabou e me vi dona de uma gravidez avançada, sem trabalho como manequim nem modelo, finalizando meu curso de Jornalismo na Universidade Metodista, tudo junto, ao mesmo tempo.

Ilhabela passou a ser, a partir de então, o lugar que nasceu em mim, adotado como refúgio. Ali terminei de gestar meu filho, que nasceu de cesariana, exatos cinco meses e meio depois, saudável, calmo e lindo, com 4,1 kg.

Engordei só nove quilos durante a gravidez. Em 15 dias, voltei aos habituais 60 kg, pronta para entrar no mesmo biquíni de antes. Peso que mantive até mudar-me para São Paulo e me casar novamente, em 1986.

Flashes de minha carreira de modelo: sucesso nos ensaios fotográficos e nas passarelas

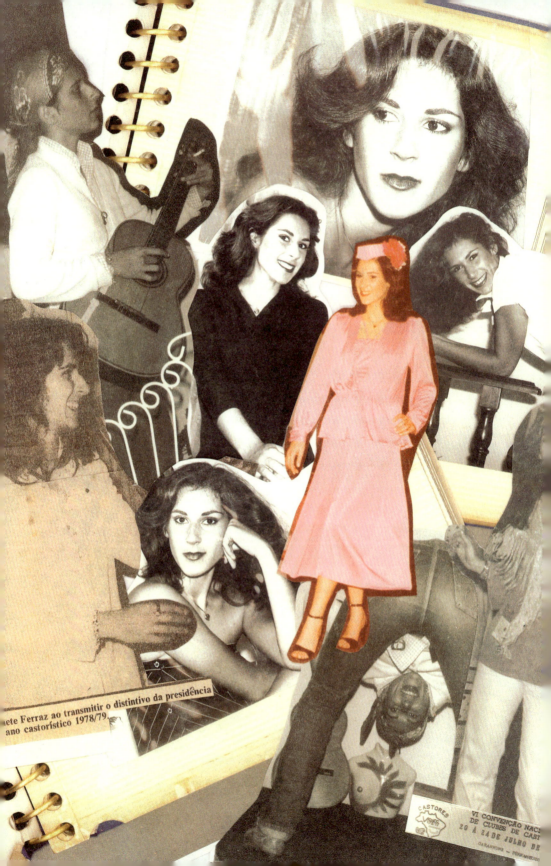

DE TOP MODEL A EX-OBESA

Na foto maior, já obesa, com meus pais e minhas duas irmãs. Nas menores, a menina magrela e jovem esbelta que fui até então

Janete Leão Ferraz

DE TOP MODEL A EX-OBESA

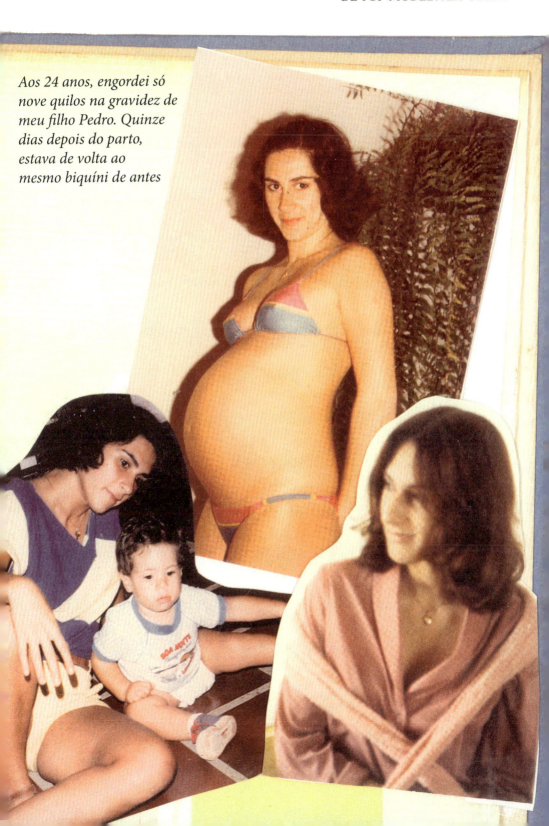

Aos 24 anos, engordei só nove quilos na gravidez de meu filho Pedro. Quinze dias depois do parto, estava de volta ao mesmo biquíni de antes

III
Família, Trabalho, Emoções, e o Sobrepeso...

Acordei por volta das seis da manhã, meio sem saber onde estava. Levantei e, pé ante pé, fui espiar a sala do apartamento do então namorado, onde me deparei com a cena: Mario Sergio estava dando a mamadeira ao meu filho, mantendo-o ternamente ao colo. "Que ousadia!", pensei. Pedro Gabriel, com menos de 2 anos de idade, estava habituado apenas ao leite que eu ou minha mãe preparávamos. Espiei de novo. Assustada e incrédula, constatei: Pedro tinha o hábito de segurar minha orelha enquanto mamava e ali, diante de meus olhos, repetia o gesto com meu namorado, na maior intimidade, ainda que ambos houvessem se conhecido pessoalmente na noite anterior! Espiei mais uma vez e voltei-me ao hall, encostada na parede, escondendo-me, abestalhada! Fechei os olhos e pensei: "Meu Deus! Vou ter que casar com esse cara!".

Quando casei-me com Mario Sergio Cortella, eu tinha 26 anos de idade e ele, 31. Vivia em Ilhabela fazia dois anos e exibia um corpo superatlético, trabalhado por três aulas semanais de jazz e dança contemporânea (ministradas à beira-mar pela querida Claudinha França) e caminhadas diárias de 5 a 10 quilômetros na praia, com água batendo nas coxas. Um estilo de vida esportivo-natureba que incluía usar uma bicicleta como meio de transporte, nadar e tomar banho de cachoeira todos os dias. Pedro, ainda um bebezão, e eu tínhamos uma alimentação saudável, à base de peixe, saladas, grãos integrais e frutas do quintal, como limão-rosa, manga-coquinho e jaca. Nem ligava para doces e não bebia nada alcoólico. Usava mel, açúcar mascavo e só nos tratava com homeopatia.

Já Mario Sergio, pai de André e Carol (da primeira união), recém-saído de um segundo breve relacionamento, sem filhos, era um ser urbaníssimo, adaptado a São Paulo, grande metrópole. Morava em Higienópolis e me fora apresentado em sua própria casa por Silvânia Lisboa, amiga querida dos tempos de modelo e manequim, e aluna dele. Quando éramos companheiras de passarelas, Silvânia sempre falava daquele professor impressionantemente culto e simples, com quem tivera aulas no curso de Pedagogia, na extinta Faculdade Medianeira. Quando nos apresentou, em fevereiro de 1986, eu passava uma pequena temporada em São Paulo, para dar uma força aos meus pais, Jair e Therezinha, gerindo a empresa deles porque ambos estavam cuidando de um problema de saúde na família. Naquela tarde, Silvânia, eu e Gláucia, outra superamiga de infância, fomos juntas ao encontro do tal professor.

Preciso dizer que te amo

No primeiro encontro, o achei muito simpático, gentil, educado, mas nada a ver comigo. Era meio a antítese do homem que eu achava meu tipo: "totalmente intelectual, totalmente de esquerda", ligado ao mundo da Filosofia e distante física e emocionalmente do mar, da vida natureba e de malhação.

Houve um segundo encontro e um terceiro, sempre em grupo. Numa segunda-feira, ele me ligou. Eu tinha acabado de chegar de um hotel-fazenda clássico dos anos 1980, próximo a São Paulo, onde passara alguns dias com Pedro e Gláucia. Um programa que se revelara desastroso para alguém na minha condição. Voltei desesperada por constatar na minha pele, na do meu filho, e até na da minha amiga, duas grandes verdades:

— *Que eu não queria mais ser sozinha com meu filho. Eu desejava uma família!*

— *Que jovens separadas, com filhos pequenos, jamais devem frequentar lugares que celebram rituais familiares, tradicionais ou caretas, como era o caso do tal hotel-fazenda. Era só papai, mamãe e filhinhos por todo lado. Nas piscinas, nas atividades recreativas, durante as refeições!*

Senti-me perdida, deslocada e culpada. E foi nesse contexto que o telefonema de Mario Sergio mudou minha vida. Logo no "Alô, como vai?" de praxe, desmoronei em choros, culpas e desolamento... Nossa! Foi uma catarse, diante da qual ele me convidou à sua casa para conversarmos. Fui. E também na terça, quarta, na quinta e sexta. Conversávamos, ouvíamos música erudita e nos contávamos... histórias, sabores, dores!

Eu vinha de um casamento precoce e equivocado, achava que jamais amaria de novo. No sábado daquela semana, porém, saquei que estava completamente enganada. Eu me apaixonara por Mario Sergio! Fui me encantando, achando que ele era o máximo! Mantive um ligeiro pé atrás, porque pensava: "o que um intelectual vai curtir em mim?"

Ao mesmo tempo, também me perguntava sobre o que eu podia partilhar com ele. Um sujeito que nem dirigia carro, imagine! Enquanto eu vivia às voltas com motos e veleiros, no mínimo! Ele não gostava de mar e era contra a vida montanha-russa natureba que eu levava e a favor da vida carrossel, sem tanta adrenalina, que ele próprio acreditava protagonizar.

Um encontro de opostos que certa vez ele resumiu em verso, porque tem o hábito de me dedicar poemas e textos lindos. Mandou-me um quadrinho que apaziguou e, até hoje, creio, alternadamente, baliza nosso casamento. Dizia:

"Era uma vez um menininho que tinha muita areia e pouco caminhãozinho; era uma vez uma menininha que tinha muito caminhãozinho e pouca areia. Eles se encontraram e adivinha o que aconteceu?"

Poucos dias antes, entretanto, embasbacada pela recente descoberta de estar amando novamente, intempestiva que sou, disse-lhe: "Eu te amo! Estou apaixonada por você! E só isso já é tudo para mim! Não importa o que você sente ou pensa!" E fui embora correndo, deixando-o com cara de "ué!"

Mario Sergio é um filósofo cartesiano. Jamais responderia de pronto a qualquer declaração, de amor ou não! Mal sabia eu que ele também estava encantado. Naquele mesmo sábado, da semana que se iniciara de maneira dramática, ele me convidou para jantar e nos declaramos, atônitos, apaixonados! No fim de semana seguinte, quando levei o Pedro para conhecê-lo, deu-se a tal constatação relatada no início deste capítulo e conheci seus filhos.

Fizemos um pacto: construir uma família, os cinco. Nossa prioridade número zero, um e dois eram os filhos. Criaríamos aquelas três crianças e, quando elas crescessem, cuidaríamos um do outro. Em um mês, já morávamos todos juntos e, hoje, lá se vão quase três décadas e muitas histórias. Mas isso é assunto para outro livro!

Mudança de hábito

Novo casamento, família ampliada, muitos recomeços, mudanças de hábitos e rotina, eu não percebi que iniciava uma megamudança também em meu padrão corporal e comportamental.

Passei a ter muito menos tempo para atividades físicas e a me estressar muito mais, naturalmente! De mãe solitária de filho único, tornei-me, na prática, corresponsável por três crianças, coprovedora de uma família, dona de casa impecável, esposa atenta. Tracei metas profissionais que me levaram a atuar como repórter na revista *Veja São Paulo*, a *Vejinha*, inicialmente a convite do querido amigo Bruno de André, que me indicou para cobrir suas férias. Logo depois fui contratada e passei a abraçar uma jornada de trabalho na redação de 10 a 18 horas por dia.

Só 10 anos depois me toquei dos equívocos que cometi comigo mesma! E, para variar, o alerta foi externo. Destacada para fazer matéria de capa da *Vejinha* no início do verão de 1996, a pauta era descobrir boas dicas para o leitor curtir férias daquela temporada no Litoral Norte paulista. A reportagem – feita em campo, junto com o fotógrafo Fred, e o motorista Marcio, grande produtor e amigo –, além de cumprir a proposta, me revelou algo surpreendente sobre a Janete em que me tornara.

Com o peso já adentrando IMCs mais altos do que o da jovem modelo praieira, recebi de Fred e Marcio o alerta sobre uma verdade que eu não via. Convivendo durante as viagens, eles me perceberam divertida, descontraída e *open-minded*. Fred foi o primeiro a se manifestar: "Nossa, Janete, jamais pensei que você fosse assim!", revelou-me, enquanto corríamos havia uns 15 minutos, sem pausa, por dentro do mangue da praia Barra do Sahy, curtindo o cheiro da fertilidade do manguezal, a beleza da vegetação, o calor que emanava da areia firme e os mil olhinhos dos caranguejos que se escondiam a cada passada nossa. Seguíamos para nos encontrar com Marcio, que nos aguardava em terra firme.

Igualmente surpresa, devolvi: "Assim como?" Foi quando ele me revelou, e Marcio depois confirmou, que na redação, para todos os colegas, eu era o protótipo do que descrevi acima: uma senhora, supercareta e durona, mãe dedicada e esposa amantíssima. "Você não parece ser tão descontraída", afirmaram.

Caí em mim. Pesadamente! Já não tinha o corpão magro, nem tampouco podia comer sem me preocupar com a silhueta. Vi o quanto havia protagonizado uma espécie de efeito gangorra quando assumi uma grande família, com marido, filho e enteados, gatos, empregadas, cunhados, avós, tios, primos, sobrinhos.

Envolvida com a necessidade de equilibrar cuidados com a casa, com as crianças e o trabalho, aos poucos, fui mudando a minha persona. Aquela que morava em Ilhabela foi dando lugar à figura tensa, preocupada e cheia de responsabilidades. Enfim, ganhei um figurino senhoril, que era como as pessoas me viam no trabalho e na vida! Isso contribuiu para que fosse construindo um corpo de matrona. O que mostra o quanto a expectativa que os outros têm sobre você pode se distanciar da sua autoimagem e como isso pode refletir na sua configuração corporal.

Claro que nessa receita entraram muitos outros componentes. Ao me casar pela segunda vez, também me deparei com transformações consistentes à mesa. Mario Sergio, descendente de italianos e espanhóis, e eu, reencontrando minhas raízes árabes, mantínhamos a casa fartíssima. Passei a partilhar, no almoço e no jantar, um cardápio opulento com arroz, feijão, três ou quatro tipos de mistura. Muita fruta e verdura, além de guloseimas infantis. E não podia só fazer lanchinho no jantar. Tinha que ter uma refeição completa por causa das crianças. À noite, nos finais de semana, sempre recebíamos amigos, cozinhávamos, bebíamos cerveja, vinho. Eu nunca fui um bom copo, mas bicava aqui e ali.

Como renitente natureba, eu tentava contrabalancear essa rotina com práticas saudáveis. Não gostava que as crianças comessem açúcar branco, preferia o mascavo. Frequentava lojas alternativas de alimentação natural. Depois adotamos princípios ayurvédicos, segundo os quais a ingestão de alimentos deve seguir uma sequência específica, durante as refeições: frutas frescas, legumes crus, depois os cozidos, grãos e proteínas. Um costume que perdura até hoje. No quesito de ensinar bons hábitos alimentares, eu era uma supermãe, tanto que não temos nenhum filho gordo.

Era supermãe em outros detalhes também. Todo sábado estava lá na fonoaudióloga com eles, para as aulas de escovação dental. Cuidava para que nada industrializado entrasse na lancheira que levavam para a escola. E sempre procurei passar aos meus enteados e ao meu filho a paixão por mexer o corpo, a ligação com a água, com o mar. Mario Sergio se encarregava das lides com lições de casa, e eu os matriculei num clube da vizinhança, onde praticavam esportes variados.

Um ano depois do novo casamento e do novo emprego na *Veja*, mudei drasticamente meu sistema de alimentação. Ficava muito tempo na redação, horas e horas sem me alimentar. Nunca gostei muito da comida servida no restaurante da empresa. Procurava levar lanches compostos de frutas e coisas lights e, à noite, quando virávamos em fechamento da edição, entrava na comida *delivery*, pedida para quem esticava a jornada.

A minha vida individual tornou-se desregrada na alimentação e nas atividades físicas. E aumentou bastante o meu estresse. Antes da *Veja*, eu tinha três empregos. Trabalhava em duas assessorias de imprensa e em um jornal, mas conseguia controlar meus horários. Na revista, eu saía de casa antes do almoço ou, mais raramente, imediatamente depois, e não sabia a que horas ia voltar, não sabia onde ia comer e nem se ia comer. E amava meu trabalho!

Ainda assim, esforçava-me para manter um mínimo de atividade física regular. Quando não dava para malhar na academia, fazia caminhadas nas praças e jardins de Higienópolis. Cuidava muito bem de minha pele, adorava fazer massagem, sempre fui "maria creminho", o que me ajudou bastante durante os anos todos em que passei pelo engorda-emagrece.

Balzaquiana

Comecei a perceber uma leve variação de peso ao entrar na casa dos 30 anos. No começo, não me incomodou muito. Sentia-me plena de corpo, alma e vida! O casamento e a carreira iam bem. Equilibrava-me entre os 65 e 70 kg, vestia manequim 38 ou 40, 42. Era magra, mas tinha umas curvas e músculos.

Tenho fotos da época em que apareço vestida numa calça *fuseau* branca e camisa da mesma cor, de pernas cruzadas, feliz da vida. Imagine! Para usar essa produção toda branca, eu realmente me achava! E as pessoas me elogiavam, achavam-me bonita! Como já disse, estava habituada a chamar a atenção. Fosse por ser muito alta, ou porque me consideravam um mulherão, condição que aprendi a assumir com madame Yufon.

De 34 para 35 anos, com o ponteiro da balança beirando os 80 kg, eu comecei a me sentir gorda. Minhas roupas já não serviam sem me apertar. Minha melhor amiga, a Glaura, sem dó nem piedade, vivia no meu pé como um mantra: "Você tá ficando gorda, você tá ficando gorda, você tá gorda..." Ela era a única a ter coragem de me observar e escancarar. Éramos muito unidas desde a infância e tínhamos a mesma idade.

Na sequência, passei por distúrbios hormonais e menstruais, o que provavelmente influenciou o ganho relativo de peso, sem que eu soubesse exatamente o porquê. Hoje, os médicos que me assistem (seja a doutora Maria do Carmo Sitta, minha clínica-geral e geriatra há 27 anos, seja o doutor Táki Cordás, meu psiquiatra há 12 anos, o doutor Roberto Kalil, cardiologista da família, ou o doutor Edgard Navarro, meu obstetra e mastologista, e ainda o doutor

Milton Mizumoto, ortomolecular, nutrólogo e médico do esporte) alertam que, eventualmente, essas manifestações podiam ser consequência de ausências vitamínicas, relacionadas à minha natureza e ao modelo de vida corrido, estressante e desgastante que escolhi.

Paixão *versus* Amor

Mais ou menos na época em que Luiza Erundina assumiu a prefeitura de São Paulo (1989-1992), e o educador Paulo Freire foi nomeado Secretário de Educação, tendo Mario Sergio como seu adjunto e depois sucessor no cargo, nossa rotina familiar se alterou de forma ainda mais drástica. Com meu marido atuando no sonho e paixão (também meus) de realizar a melhor gestão em Educação que a cidade de São Paulo já teve, em casa eu me vi sobrecarregada.

Mario Sergio estancou as atividades paralelas, fontes de renda importantes em nosso orçamento familiar de então, e eu, além de ficar com os encargos próprios da adolescência dos meninos e da dinâmica da casa, tive que assumir mais encargos financeiros.

Com tudo isso, levei outro choque! Marido cartesiano dá nisso: ele disse que não tinha mais tempo para nossa paixão, porque estava apaixonado pelo projeto político. Para ele, paixão é a suspensão temporária do juízo, é o enlevamento completo e quase cego. E o amor é o belo e o bom, que se pode ter na rotina de casais integrados para a construção da família, de projetos, ou seja, uma vida mais mansa, menos apaixonada!

Foi a vez de ele passar cerca de 20 horas por dia fora, enquanto eu tocava a casa, filho, enteados e as interferências externas próprias de famílias rearranjadas. E ainda minha carreira na *Veja*, numa rotina que eu amava, mas tomava muito tempo e energias vitais. Meu estado emocional foi ficando mal, depois péssimo. Ainda assim, teimosa, eu não deixei de lidar com tudo e todos.

Não desisti de nada. E paguei o preço. Em 1992, passei por um episódio de Síndrome do Pânico. Era atacada por uma sensação de morte iminente, sudorese intensa e pavor, que durava de 15 a 20 minutos. Tinha vontade de sair correndo porque pensava que ia morrer.

Um horror! Um horror! Depois que a crise amainava, sentia-me entorpecida, uma sensação de exaustão que demorava a passar.

Tentava esconder as crises na redação, e voltei para a terapia. Desde 1985, quando experimentei pela primeira vez o divã, mantenho a terapia em minha vida com intervalos de anos, durante os quais me dou alta, porque enjoo mesmo. Considero assim que estou eternamente em processo terapêutico: seja por conta de questões específicas, como essa do pânico, que demorou um ano para ser controlada com remédio, seja porque eu sempre tive que me readaptar às realidades "montanha-russa", que aparecem na minha vida. Por ocasião da Síndrome do Pânico, interessei-me pela neuroquímica e o doutor Jou Eel Jia – um neurologista especializado em terapias orientais com quem me tratava – me indicou um psiquiatra junguiano, que me acompanhou nesse caso.

Não fui e nem sou diferente das minhas contemporâneas, e comungo com o genial Millôr Fernandes a frase: *"Atenção Moçada! / Quando eu disser, / 'No Meu Tempo', / Estou me referindo ao amanhã"*, algo assim. Eu tinha amigas que cumpriam jornadas ainda mais pesadas do que a minha. Tratou-se também das minhas fragilidades diante dos desafios aos quais essa vida "montanha-russa" (travestida de carrossel) me levou.

Sofri muito com a tal síndrome. Mario Sergio não saía do meu lado, mas também nunca me mimou. Numa das primeiras crises, ele me enfiou debaixo do chuveiro com roupa e tudo porque eu estava à beira da histeria e a crise amainou. Desde então, quando uma crise se anunciava, ele ficava ao meu lado esperando passar. Quieto, dizia: "Se eu te der a mão, se te abraçar você vai se ancorar em mim e não vai conseguir sair dessa sozinha".

Além de terapia, na fase das crises de pânico, e em tratamento com o acupunturista, eu cumpria uma terapêutica que combinava a aplicação de agulhas e chás. Quatro litros por dia! Era uma infusão de diversas ervas compradas no próprio consultório dele. Levava garrafas e garrafas dos tais chás ao trabalho e ia ingerindo ao longo do dia.

Tudo está bem quando acaba bem? Pra quem?

A vida com meus enteados me trouxe um aprendizado especialíssimo! Momentos mais complicados surgiram durante a adolescência. Períodos estressantes, entretanto, rolam igualmente entre filhos e pais consanguíneos e são, na maioria das vezes, serenados pela óbvia obrigatoriedade de que a vida segue, como se passou na adolescência de meu próprio filho.

É extremamente difícil criar filhos alheios, especialmente para quem não tem sua autoridade legitimada, como era meu caso. Eu funcionava como uma cumpridora dos desejos e decisões que os pais deles deliberavam. Ocorrem, claro, situações desgastantes que infelicitam e podem entrar na vida da gente, sem que nos apercebamos de que o que nos pertence é muito frágil e limitado. E que a precariedade universal da qual se constitui a vida pode transformar tudo em nada, em um segundo. Como somos todos heróis da nossa própria história, nem vou entrar nesse mérito, que, aliás, também vale outro livro.

Meu casamento bambeou, e nunca, em momento algum, até as crianças crescerem e o pacto ser cumprido, ele se partiu. Teimosa e cheia de razões, cumpri o Pacto de Amor com nossa família, mas não sem acarretar um óbvio desgaste. Todos padecemos e tiramos o melhor de tudo isso, posso ver hoje que foi assim. São os três adultos bem resolvidos e bem humorados! Mario Sergio e eu ainda adotamos mais quatro jovens: Elaine, Aaron, Breno e Renata. Não como pais totais, porque todos têm famílias, mas no cuidado e no afeto. Tanto que consideramos ter sete filhos. Amor é estrada de duas vias e nós, na verdade, somos dois teimosos gregários apaixonados.

Eu tentei pular fora (quem não o fez, em mil situações?). Nunca me arrependi, entretanto, de permanecer nessa família. Mas não posso dizer que "nadei de braçada" nas águas turbulentas que se precipitam sobre todas as comunidades familiares, originais ou "franksteinianas" como a nossa!

Janete Leão Ferraz

Luto profundo

A Glaura, mais do que uma amiga, mais do que irmã, era minha companheira de alma, de fraternidade, de fé. Fomos esteio uma da outra, desde tenra idade. Uma presença diuturna em minha vida desde a infância. Ela foi a primeira pessoa que viu meus olhos e minhas juvenis impressões quando beijei na boca pela primeira vez. Foi quem esteve ao meu lado durante a gestação do meu filho Pedro e é madrinha dele. Foi também meio mãe enquanto ele estava na minha barriga e depois que ele nasceu. Foi quem esteve ao meu lado quando me separei e depois, sempre. Era a pessoa para quem eu podia ligar e dizer: "Glau, matei alguém!" E ela prontamente responderia: "Espere que eu vou aí para escondermos o corpo". Ou: "Se você quiser confessar, vou com você à delegacia e levo cigarros todos os dias na prisão e assumo a criação do Pedro!".

Perdi-a quando tínhamos 35 anos, num trágico acidente de carro, das maiores tristezas e saudades que ainda hoje me habitam. Foi uma bruta perda. Tive outras, claro. A extensidade da vida nos dá sabedoria e a dor de ficar por aqui enquanto seres amados desembarcam, antes que julguemos poder suportar. E as perdas por morte ou por mudanças transformam-se em lutos, alguns eternos, outros temporários, e se manifestam em nosso corpo, alma e vida! Podem contribuir para se adentrar a fases em que fazemos movimentos de morte e adoecemos. O luto pela minha amada amiga entra na conta de minha Obesidade, mas não dá pra saber qual é a gota que transborda um copo d'água. Se a primeira ou a última. Obesidade também é assim.

Por isso duas palavras me intrigam e desafiam: *imponderável* e *resiliência*. O imponderável é o que não há psicologia que resolva: aquilo que, a despeito da nossa vontade e desejo, acontece. Ponto. A resiliência é a capacidade de (apesar dos trancos que a vida nos dá, por causa do imponderável) conseguir continuar vivendo em busca de nos reencontrar, nos reformular e começar de novo, de outro jeito, fazendo movimentos de Vida.

Meus pais e a mãe de Mario Sergio, D. Emília, nossos idosos amados, são meus exemplos de resiliência. Octogenários, perderam irmãos, pais, e D. Emília, o marido e um filho, o Ettore, aos 49 anos, de derrame cerebral. Perdas também minhas. Ademais, tenho amigos que também enfrentaram essa dor, a do parto às avessas. Alguns deles, encontrei lutando contra a Obesidade, como eu. Outros não. Logo, a Obesidade é uma doença, creio, independente. Ou todas as doenças têm um fundo psicossomático?

Não creio. A resiliência, a despeito de todo o imponderável, é precisa. E é preciso lutar por ela!

Diante do abismo, eu pulo

Não apenas em perdas como essas, sempre vivi tudo, e vivo ainda, com muita intensidade. Tem gente que passa a vida sem se encostar em seus limites emocionais. Nos estertores. Sem beirar os extremos de toda e qualquer emoção. Sem se arriscar, sem sentir fundo, sem se jogar na vida e vivê-la. Muitos, prudentemente, temem os voos desconhecidos. Economizam-se para os poucos eventos inevitáveis de dor extrema em uma vivência.

Eu não me economizo e pago preços altos. Mas não o faço por prepotência. Sei que não percebo o tamanho da encrenca, exceto quando estou bem no meio dela.

A vida é uma sucessão de montanhas e precipícios. São abismos que você sabe que estão ali, mas não vai até eles. Não se aproxima da beira para não ter que decidir pular para conferir o que há lá embaixo. Aí, você não encosta nas doenças, não fica maluca, não cai em depressão, não surta... Nem rola de rir, experimenta o novo, descobre mais, encontra a superação, entre tanta coisa boa!

Eu sempre pulei. Cheguei à beira dos precipícios e me lancei. Detesto esticar o pescoço para ver a vida lááá embaixo, ou conferir se há uma nebulosa para planar sobre os vales. Eu salto da montanha-russa e me lanço nos precipícios. Muitas vezes, alço alturas, faço voos incríveis e pouso devagar e feliz. Noutras, minhas asas não bastam e eu me estatelo, viro mil cacos lá embaixo, no fundão do abismo.

Então, cato cavaco, colo os pedacinhos e tento restabelecer os parâmetros emocionais e corporais, em curto-circuito devido à queda. Sei que, se eu me estatelar, terei que me reintegrar. Pode demorar o tempo que for. E os preços são altíssimos! Impactam a saúde e o ritmo da Vida.

Se não acessasse esses limites emocionais, talvez não tivesse apresentado a síndrome de pânico, o câncer de tireoide, a depressão e a corrosiva Obesidade Mórbida. E muito provavelmente não teria sido eu. Seria outra pessoa! Ou estaria morta!

Viver morno não dá, não quero, não gosto. Até hoje não vivo morno. Tanto é que o livro está aí. Sem mornidão. Convidando para o frio ou o quente da montanha-russa, revelando falsos carrosséis. Costumo dizer que, ao catar cavacos e se reintegrar, a pessoa refaz a saga da Fênix! Algo poderoso e transformador que toma conta da gente. O eu ou um dos eus, sei lá! Eu tenho o privilégio de conhecer gente assim, que tal qual a Fênix da mitologia, renasce e, de novo, e de novo, volta a si e a espreitar precipícios...

Janete Leão Ferraz

Efeito gangorra: mudanças radicais na nova vida com a família ampliada

82

IV
De Sedentária a (de novo) Atleta: Lutando para Emagrecer

"Completei a São Silvestre em 7.952º lugar, em meio à classificação masculina (foram registradas 8.044 chegadas), com tempo oficial de 2h03min32s. Marquei o 625º tempo feminino, ou 38 posições à frente da última colocada" (saí depois de todos porque o fotógrafo Eduardo Albarello ia sentado ao contrário na garupa de uma moto registrando tudo e, às vezes, chorava de emoção! Amigo e profissional incrível!). Assim descrevi, na reportagem "Ganhei minha São Silvestre", publicada na primeira edição de janeiro de 1997 da *Veja São Paulo*, o meu feito: correr de ponta a ponta os 15 quilômetros da 72ª edição da tradicional prova de rua que marca a passagem do ano na capital paulista. Digo um feito porque completar o percurso foi apenas um detalhe; mais importante, e simbólico, era tudo o que tinha acontecido nos meses anteriores até eu cruzar aquela linha de chegada.

Fazia alguns anos que eu começara a me preocupar com os ponteiros da balança. Não tinha me tornado Obesa Mórbida. Mas oscilar entre 75 e 95 kg, para quem vivera sempre num padrão de 60 a 64, era horroroso! Mergulhada na rotina dos regimes, em março de 1996, fui incumbida de fazer um artigo sobre *personal trainer*, a nova mania adotada por malhadores endinheirados da cidade. E lá fui eu pesquisar o assunto. Entrevistei médicos, fisiologistas, esteticistas corporais e treinadores.

A coleta de dados, até então, não passava de mais uma reportagem, como tantas outras que me habituei a fazer na *Vejinha*. Foi quando ouvi a frase: "Com dieta balanceada, exercícios adequados e acompanhamento individualizado, modificamos o corpo de qualquer pessoa em oito semanas".

Já havia ouvido afirmações do gênero antes. Desta vez, quem a proferiu foi o professor de educação física Isaías Rodrigues, pós-graduado em Nutrição e Fisioterapia, um *personal trainer*, que fora indicado para minha reportagem por outros profissionais da área. Tal afirmação ecoou como um desafio e permaneceu martelando minha cabeça de ex-magra atormentada e repórter curiosa.

Não era uma sensação desacompanhada das dúvidas e do ceticismo próprio de uma jornalista com minha experiência e de uma gorda idem. Duvidei e ele insistiu! Olha só um precipício me desafiando... Decidi conferir a promessa para realizar um artigo, tipo repórter São Tomé, para a revista *Claudia*. A reportagem, intitulada "Eu perdi 19 quilos e virei atleta", saiu na edição de janeiro de 1997 da principal revista feminina do país – com ela ganhei o Prêmio Abril, concedido anualmente pela editora ao melhor trabalho publicado em suas revistas.

Lufa-lufa-ufa-bufa

Embarquei nesse desafio-reportagem, tendo Isaías como meu *personal trainer* e a geriatra Maria do Carmo Sitta, minha médica particular, fazendo o acompanhamento clínico. Na supervisão do programa, estava uma equipe multidisciplinar do Cemafe (Centro de Medicina e Atividade Física e do Esporte da Universidade Federal de São Paulo), chefiada por Turíbio Leite de Barros.

Na avaliação inicial, eu estava com 87 kg, 20 acima de meu peso sonhado, tinha percentual de gordura de 33% (o adequado seria entre 19% e 23%), sobrepeso grave, e fôlego de semissedentária. Quando viu esses resultados, Isaías percebeu que não ia ser nada fácil alcançar a nossa meta. Deixou claro que tudo dependeria de minha dedicação. Logo na largada, ansiosíssima, comi demais e incorporei à silhueta mais 3,2 quilos, passando a 90,2 kg.

Iniciado em julho de 1996, o programa de treinamento tinha quatro etapas. Eu deveria dispor de pelo menos três horas por dia para me dedicar aos exercícios físicos. A primeira etapa, de sete dias, dava ênfase ao trabalho cardiovascular para diminuição do percentual de gordura global. Na segunda, que consumia 21 dias, caprichamos ainda mais no trabalho muscular, para detonar a gordura localizada e delinear minhas formas (afinar cintura, diminuir quadril, definir musculatura do peito, costas e braços e tonificar pernas). Outros 21 dias eram dedicados à terceira etapa, em que eu mesclava exercícios aeróbios e localizados em uma mesma série. Finalmente, vinha a quarta, mais sete dias, uma fase de "polimento", destinado a esgotar as gordurinhas que resistiram aos esforços anteriores. Para complementar a atividade física, eu seguia uma dieta balanceada, dividida em seis refeições por dia, mais suplementação de vitaminas e minerais.

Descrito assim, parece fácil. Encaixar na rotina é que é difícil! Foram dois meses em que eu xinguei meu treinador – e a mim mesma – todos os dias. Repetia como um mantra: "Odeio você, odeio essa matéria, odeio academia, odeio exercícios". Porque eu tinha que malhar muito, de três a quatro horas por dia. Mas logo percebi que ter um treinador por perto torna a malhação mais eficiente, a gente enrola menos.

Eu, que costumava dormir até as 8 horas, passei a levantar duas horas mais cedo para me dedicar aos exercícios, no início, realizados em casa mesmo ou nas praças do bairro. Depois, Isaías me convenceu que era mais produtivo e animador ir à academia com ele, pois os aparelhos ajudavam a executar os movimentos com mais precisão. No décimo dia, protagonizei um tombo homérico, relatado na reportagem da *Claudia*. Terminada a sessão de musculação, puxando até 95 quilos de peso, fui para a esteira cumprir 30 minutos de caminhada. Lendo um livro, tropecei nos próprios pés e me estatelei na esteira, ralando joelhos e cotovelos – o que, depois, foi motivo de muitas gozações na redação.

Quando os primeiros resultados da malhação começaram a aparecer, fiquei animada. Com um mês de treinamento, recuperara o fôlego e passara a caminhar com prazer, em passadas rápidas. Também me estimulavam os elogios que vinham de toda parte. Na redação, na academia e em casa. Antes cético e até debochado com o programa, meu marido passou a me perceber mais magra e durinha. Depois de uma noite de amor, segredou-me, animado, que, ao me tocar, tinha recuperado certa "sensação tátil" de quando nos conhecemos. De fato, com os exercícios e a dieta alimentar do programa, eu enrijeci, emagreci, tudo voltou para o lugar em oito semanas!

Para a prova dos nove, voltei ao Cemafe e repeti a batelada de avaliações. Fui às lágrimas com a constatação: estava com 14 quilos a menos, 21% de gordura e fôlego triplicado. Continuei malhando e, até colocar o ponto final do texto que entreguei à revista *Claudia*, emagreci mais cinco quilos.

Odiei e praguejei por ter me comprometido com a matéria. Mal sabia, porém, que, a partir daquele programa, minha vida mudaria completamente. Resisti a todas as chatices nele impregnadas, como a disciplina e o "ufa-bufa", mas tinha que cumpri-lo para dar conta da meta e apresentar a reportagem e... Surpresa: estupefata, comecei a gostar dessa rotina. De sedentária, obesa e mal-humorada, tornei-me uma atleta amadora, eufórica e feliz.

Entusiasmada com a conquista, fiquei me perguntando o que poderia fazer para manter o mesmo pique e os exercícios. Então, Isaías me sugeriu fazer uma maratona. A de Nova York, talvez. Fiquei animada, mas resolvemos começar com a São Silvestre e fazer uma matéria sobre isso para a *Vejinha*, ideia prontamente encampada por meu editor e muitas vezes mestre Carlos Maranhão. Esse se tornou o motivo para eu continuar me exercitando. Decretei: "A São Silvestre é a cenoura e eu sou o coelho".

Mais uma vez, tive que pagar a minha língua. Sou totalmente o oposto do corredor típico. Já reparou como os maratonistas parecem uma pluma de tão leves? Aliás, não é à toa que os maiores campeões de maratona são etíopes. Imagine, então, o meu esforço para deslocar 70 kg bem pesados, numa corrida de 15 quilômetros! Ainda assim, dura na queda, fui lá e cumpri o programa.

Janete Leão Ferraz

Aclives e declives

Essas duas experiências renovaram o meu ânimo para continuar a luta em busca de reaver o corpo magro. Iniciara o caminho sem volta das dietas pelo menos uns cinco anos antes dessa reportagem para a *Claudia*. E preciso agora retomar parte dessa trajetória, para que se possa comprender o tamanho do desafio que só assumi em 1996.

O cutucão foi dado por minha amiga Glaura, que sempre me dizia as grandes verdades. Um dia, me observando, ela disparou: "Você está uma baleia!" Fiquei chocada, estava com uns 85 kg! Então, resolvi fazer meu primeiro regime. Tratei logo de marcar consulta com um endocrinologista que andava atendendo todas as minhas amigas e fiz minha sessão de queixumes. Ele me receitou remédios à base de anfepramona e femproporex (moderadores de apetite potentes) e, em um mês, coloquei a nocaute nove quilos.

Consegui entrar de novo numa calça número 36 que eu adorava. Recuperara o corpo que tinha quando me casei novamente e mudei de Ilhabela para São Paulo! Fiquei toda feliz, embora o remédio me deixasse totalmente "ligada". Eu era capaz de tocar o emprego, a casa, as crianças e ainda ficava acordada, produzindo, duas ou três noites seguidas, graças à força das drogas. Minhas mãos tremiam e eu, que já sou naturalmente tagarela, soltava ainda mais a língua.

Mas, junto com o medicamento, esse endocrinologista prescreveu um regime que realmente funciona. Era à base do "não pode". Tinha uma lista de alimentos que eu devia riscar do meu prato: mandioca e derivados, milho e derivados, trigo e derivados, arroz branco e açúcar branco. Só com essa listinha você tira da frente um monte de coisa. Eu montava um prato enorme com frango ao molho e feijão, podia tomar uma cerveja ou um vinho, sem culpa. Mesmo assim, sequei bem.

Sessenta dias depois do regime, assustadoramente, recuperei os nove quilos perdidos e ganhei outros dez de brinde! Era um completo horror! Voltei ao médico e recebi nova carga de medicamentos para detonar uma arroba. Por duas vezes, deixei de ingerir as "bolas" e recuperei o peso mais rapidamente ainda. Parei com os remédios depois que minha geriatra alertou para o mal que faziam.

E continuei na sanha de engorda, emagrece, engorda, emagrece. Meus amigos, mais amiúde as amigas, sempre tinham uma receitinha legal. Fui a vários outros médicos. Um deles, ótimo profissional, me deu uma dieta equilibrada, mandou-me fazer exercícios. Só que dava altas broncas nos retornos quando eu não apresentava perda de peso. Cheguei a ir até a um acupunturista, que furava a cabeça do paciente e garantia que era possível ficar uma semana sem comer nada, só ingerindo líquido.

Tentei mais de 50 regimes, dos mais simples, do tipo "só salada e grelhados", aos sofisticados, com calorias controladas por pontos. Fiz o Meta Real, que promete o emagrecimento definitivo e tem um disco de papelão para orientar a escolha do cardápio mais adequado. Esse método classifica os alimentos em três grupos, representados por cores: amarelo para os construtores (proteínas, como carne vermelha, ovos, aves e peixes), vermelho para os energéticos (gorduras, cereais e açúcares) e verde para os reguladores (frutas, verduras e legumes). Basta girar as faixas coloridas do disco e escolher a composição mais adequada a cada refeição.

Tentei Vigilantes do Peso, o programa coletivo em que você participa de reuniões semanais e segue orientação numa tabela de alimentos e pontos. Confesso que odiava. Porque você tem que lavar um tanque de verduras por refeição! Eu trabalhava muito e julgava não ter tempo, ainda que contasse com o auxílio de duas empregadas.

Também perseguia os métodos de celebridades. A sopa da Adriane Galisteu foi uma decepção. Era um kit com dois pacotes de sopa e os shakes para tomar entre as refeições. Na embalagem, a Adriane estava magérrima, com aquele corpão maravilhoso, malhada pra caramba. Mas comigo o resultado foi pífio! Devo confessar que consegui fazer essa dieta só umas duas semanas. Mesmo assim, queria ficar como ela. Não loira, mas magra!

Havia ainda a "sopa da Universidade de São Paulo (USP)", uma mistura liofilizada que se podia obter na farmácia da Universidade, segundo prescrição médica. Também tentei essa. Boa alternativa, mas retomei os quilos perdidos assim que enjoei do sabor, do cheiro e de ter que tomar sopa todos os dias, no almoço e no jantar.

Às vezes, inventava minhas próprias dietas. Uma delas bolei em parceria com a Helena, querida amiga. Um dia ela me falou: "Você sabia que pepino é zero de calorias?" Não chega a ser zero, porém, com elevado teor de água, é uma das hortaliças menos calóricas – duas colheres cheias têm apenas 6,1 calorias. Passamos a comer só pepino. Bacias e bacias de pepino! Helena temperava com limão. Eu, nem isso!

Com o tempo fui abandonando todo e qualquer método. Começava uma nova dieta toda segunda-feira. Quem não conhece alguém assim? A coisa fugiu completamente ao meu controle. Não percebia claramente o redemoinho em que eu mesma me colocara. Desculpas não faltavam. Eu não tinha tempo. Minha rotina como repórter especial não permitia nenhuma dieta, muito menos fazer exercícios. Eu jurava isso! Como não tinha hora nem local certo para fazer refeições, usava isso como A DESCULPA! Também me sentia culpada por roubar tempo de convívio das crianças e de meu marido para ficar malhando. Enfim, eu era um poço de motivos para justificar a Obesidade.

Perdi de vez o controle quando fui incumbida de participar da elaboração de um guia de lazer e serviços sobre São Paulo para a *Vejinha*. A missão incluía visitar mais de 50 restaurantes para provar a culinária e a avaliar. Imagine que bela desculpa para eu exercer, sem culpa, minha compulsão pela comida. Afinal, eu podia transferir a responsabilidade de estar ingerindo tantas calorias à pauta. Somente eu engordei tanto, em meio à galera da redação, igualmente envolvida no projeto.

Apesar disso, eu continuava com meus falsos regimes. Era capaz de recorrer até a alguns "milagres" ridículos para emagrecer. Receitas e simpatias? Pense em qualquer uma e, pode apostar, já esteve em minha agenda e foi cumprida à risca. Sabe aquela corrente dos grãos de arroz que deve ser passada para outros gordinhos aflitos? Fiz! Funciona assim: numa quarta-feira pela manhã, você coloca em um copo com água pela metade o número de grãos de arroz correspondentes à quantidade de quilos que deseja perder; à noite, bebe a água, deixando os grãos de arroz e repondo a mesma quantidade de líquido; na quinta-feira pela manhã, em jejum, bebe novamente a água, deixa o arroz, e repõe a mesma quantidade de líquido; finalmente, na sexta, em jejum, bebe a água com os grãos de arroz junto.

Instruções adicionais importantíssimas: antes de iniciar toda essa operação é preciso distribuir cópias com as instruções da simpatia para um número de gordinhos correspondente ao dos quilos que você deseja perder; conserve o mesmo copo durante os três dias; e não faça regime, pois a simpatia é infalível! Sei...

Janete Leão Ferraz

E o regime da berinjela crua com suco de laranja? Também fiz! A berinjela é rica em fibras insolúveis (que demoram a ser eliminadas do intestino, prolongando a sensação de saciedade) e solúveis (viram uma espécie de gel no organismo que absorve e elimina gordura). Para aproveitar esses benefícios a favor da redução de medidas, uma das receitinhas é cortar a berinjela em cubos e deixar de molho em 250 ml de água de um dia para o outro. Assim, as fibras solúveis ficam na água, que você deve beber em jejum, sem coar. Outra receita é bater meia berinjela com meia laranja e tomar o suco.

O copo de água morna em jejum? Tomei muito! Reza a tradicional medicina chinesa que o líquido cálido tem o poder de gerar saciedade. Com menos fome, você come menos. Ainda no terreno dos líquidos, outra simpatia que pratiquei muito foi a do limão. Dura 14 dias, nos quais você deve tomar suco de limão puro logo ao acordar. Funcionava assim: no primeiro dia, suco de um limão, no segundo, de dois limões, no terceiro, de três... E assim por diante. Essa foi a Carol, minha enteada, quem me ensinou. Fizemos esse azedume juntas! Ela é magra e linda, mas estava "naquela" fase de querer ser um palito. Um momento "pré-giselização", ainda antes de Gisele Bündchen, mas quando a ditadura da magreza entre nós já estava bem instalada. As modelos, tipo Kate Moss, subiam no hit, condenando qualquer mulher à magreza obrigatória ou à exclusão — o que ainda vige e progride!

Tinha ainda o regime da lua, baseado na influência que ela exerce sobre os líquidos do corpo. Quando ela muda de fase, a gente tem que seguir uma dieta líquida durante 24 horas – sopas batidas, sucos, tomar pelo menos 3 litros de água, chás... Uma variação, que pratiquei muito, era comer só maçã quando a lua virava de fase. Tem uma hora em que você não aguenta mais colocar essa fruta na boca.

Tudo para entrar no jeans 38

Certa vez fui a uma loja badalada da rua Oscar Freire, no bairro dos Jardins, em São Paulo, para comprar uma calça jeans. Tarefa hercúlea, já que minhas roupas tinham que ser encomendadas a uma costureira. Sim, quem foi ou é obeso sabe que as grifes mais transadas simplesmente ignoram corpos avantajados. A gente entra numa loja dessas e, por mais boa vontade que a vendedora tenha (coisa igualmente rara) em despencar todas as prateleiras, nada serve. O tamanho M deve ser para magérrimas e o G passa longe de uma gorda de verdade. Antes de chegar ao estágio de não entrar no número G, tem a fase GMG, que é quando a gente vira a gorda metida à gostosa. A variação masculina é o GMF: gordo metido a forte. Ambas grassam em larga escala e tem gente que gosta e ainda batiza as moçoilas com ridículos apelidos de mulher-fruta!

No meu caso, a situação era ainda mais difícil. Jeans para uma pessoa gorda e grande? Impossível no Brasil! Mas fui à tal loja mesmo assim. A vendedora me deu a maior calça disponível, um tamanho 46, que ela jurou ser o mais avantajado da coleção, mas comparado a um bom 40 de outras marcas, valia. As confecções no Brasil não têm unidade alguma na tabela de tamanhos. O P de uma pode ser o G de outra. Há estilistas que declaram mesmo não criar roupa para gordas!

Por trás da cortina do provador, constatei infeliz, que o modelo não passava dos joelhos. Quando ouvi a tradicional pergunta: "E aí, ficou boa?" Não tive dúvidas: "Ótima! Vou levar". Assinei o salgadíssimo cheque e saí dali prometendo que em menos de um mês entraria na tal calça ou não me chamaria Janete. E aconteceu!

Recorri a mais uma dieta, desta vez àquela de 14 dias, que foi febre nos anos 1990 e promete enxugar até 14 quilos. Sua criação é atribuída a alunos da USP (Universidade de São Paulo), embora nunca tenha se confirmado tal fato. Consiste em um cardápio composto basicamente por ovos, presunto e café, com porções de saladas de ervas (alface, agrião e chicória) e frutas, por sete dias. Ele deve ser repetido duas vezes, completando os 14 dias.

Com a suposta dieta da USP, a pessoa realmente emagrece por conta da perda de líquidos, massa muscular e pouca gordura. Mas os especialistas alertam para efeitos indesejados, como dor de cabeça, prisão de ventre, mau hálito, cansaço e fraqueza muscular, entre outros sintomas. É a tal da cetose, que ocorre quando o corpo elimina reservas e libera corpos cetônicos (fenômeno que explico adiante). Quem a adota por muito tempo também pode estar sujeito a complicações renais e cardíacas.

Alheia a essas recomendações, cumpri logo 28 dias seguindo o tal cardápio e perdi uns 10 quilos. A calça entrou! Justa como um *fuseau* de lycra. Depois de outras dietas, chegou a ficar larga. Novamente foi encostada no armário quando voltei a engordar. Outra vez ficou larga, e de novo justa, e larga, e justa... Efeito sanfona, meu Deus!

Uma das tentativas mais bizarras de emagrecer que já procurei foi a dieta do terreiro de macumba. Era orientada por uma mãe de santo que atendia no bairro da Saúde, em São Paulo. Cobrava 500 reais pela, digamos, "consulta"! Primeiro, a gente tinha que passar pela triagem feita pelo marido dela. Respondi um questionário, assisti a uma palestra muito curiosa ministrada por ele e fui orientada a retornar uns 15 dias depois (ansiosíssima, pra variar!) para pegar as orientações do regime. Seria uma receita individualizada, à base de chás, passada pelos santos. Quando voltei, a mãe de santo simplesmente olhou para mim e disse: "Não tem chá nem dieta pra você! Pare de tomar tantos remédios e volte aqui, porque os santos disseram que assim não tem jeito!" Eu tomava antidepressivos e os hormônios tireoidianos.

E teve o chá estranho que um acupunturista me receitou. Um dia reclamei que tinha gosto de algo como cocô de gato e ele confirmou que era! Creia, eu tomava aquilo!

Sessões de suplício

Para completar os regimes, comecei a frequentar clínicas de estética que meu marido apelidava de "cadafalso". Quando eu saía para uma sessão *beauty*, antes de ir ao trabalho, ele costumava brincar: "Já vai se mutilar, amor?"

Eu gastava uma "gorda" fatia do meu salário nos programas milagrosos que comprava em pacotes de dez ou 20 sessões. Nunca admiti isso, mas Mario Sergio tinha razão. Era puro sofrimento à prestação! Havia a massagem com sucção, choques com placas de congelamento à base de faixas (para "enrijecer" o tecido adiposo, resultante do emagrecimento rápido e repetido). Explico: na primeira fase, munida de um copinho de metal acoplado a uma espécie de aspirador, a esteticista castigava minhas pernas, barriga, nádegas e costas, fazendo movimentos circulares e pressionando a boca do tal copinho contra minha pele. A coisa fazia um barulho estranho, como se estivesse sugando meu sangue: poc, poc, poc. Deixava hematomas e originava vasinhos (futuras varizes), mas a propaganda garantia que o método era tiro e queda no combate à celulite, gordura localizada e flacidez.

As placas de esponja umedecida "em sais e líquido liporredutores" eram protegidas por capinhas de borracha ligadas a terminais de metal; que, por sua vez, eram conectados a um aparelho elétrico que emite ondas intercaladas. Nome, sobrenome e apelido de verdadeiros choques! Com umas 30 dessas ligadas ao corpo todo, a sensação é de que se está sendo abraçada por um tamanduá. Ele te abraça e te solta, te abraça e te solta, ritmicamente.

O tratamento com as faixas pode ser ainda pior. Antes eu ficava meia hora "derretendo" sob um forno de Bier, daí era enfaixada com bandagens umedecidas em solução "liporredutora" à base de cânfora.

Aquilo gelava até os ossos. Depois de 40 minutos, eu saía dali e ia trabalhar com a sensação de estar nua em pleno inverno escandinavo. A sensação de congelamento permanecia por mais de duas horas no corpo. É ou não é tortura?

Eu acreditava piamente que aquilo tudo ajudaria a resgatar meu corpo magro e bem feito de antes. Na verdade, esses tratamentos, as famosas mesoterapias que hoje ganharam versões mais modernas, isoladamente, não trazem benefício algum à estética. Eu cumpria minhas séries e voltava sempre para um novo período, geralmente quando o verão se aproximava e, diante do espelho, as gordurinhas começavam a gritar mais forte.

Efeito ioiô

Não digo que as dietas falhassem. Eu sempre emagrecia com todas – ou quase todas – que adotei. Mas, dos 37 anos em diante, o difícil era permanecer magra depois delas. Principalmente quando você desenvolve a segunda personalidade. Sim, todo gordo tem duas personalidades. A pública, que segue a dieta à risca, e a outra, que você esconde até de si mesmo e que boicota o regime.

Em casa, durante as refeições em família, as duas se manifestavam. A primeira traçava, resignada, o prato com o *maledetto* filé de frango grelhado (virou um trauma, tanto que hoje ainda evito!), uma verdura, um legume. Tinha que terminar de comer e sair da mesa, privando-me do convívio familiar. Do contrário, a segunda personalidade começava a beliscar o farto repasto preparado para o resto da família. O marido e os filhos implicavam e logo eu armava o maior "fuzuê". Dizia que, se alguém falasse mais alguma coisa, eu comeria, sim, tudo o que tinha ali e ia virar uma "Dona Redonda". Afinal, estava apenas beliscando! Só que o beliscar, para insatisfeitos compulsivos, não tem limite.

Por tudo isso que contei, dá para se ter uma ideia de como realmente, para mim, foi um feito e tanto ter colhido o sucesso que colhi com o programa que virou reportagem premiada da revista *Claudia* e ter vencido os 15 quilômetros da São Silvestre. As duas experiências me deram a certeza de que era possível controlar o meu peso, de que eu podia voltar a ser gostosa, que dava para fazer as pazes com a balança e ser feliz. Então, recebi outra lambada e caí mais uma vez no redemoinho do engorda/emagrece.

Janete Leão Ferraz

ESPORTE

Ganhei minha São Silvestre

Uma repórter entre 12 000 atletas nas ruas da cidade

JANETE LEÃO FERRAZ

Nem deu para ver o rastro do queniano Paul Tergat, campeão da 72ª Corrida de São Silvestre. Quando ele cruzou a fita de chegada, pouco mais de 43 minutos depois da largada, em frente ao prédio do Masp, na Avenida Paulista, eu mal havia acabado de percorrer um terço da prova. Estava no 5º quilômetro, bem no meio do Minhocão, a 10 000 metros do final. A campeã feminina, Roseli Machado, então, já deveria estar a caminho de casa, no Paraná. Eu e outros 12 000 atletas amadores inscritos para a mais tradicional prova de rua do país perdemos a corrida. Muitos de nós, porém, vencemos o desafio dos que enfrentam um calor de rachar em plena tarde de 31 de dezembro: cumprir o percurso de 15 quilômetros. Mais do que participar de uma competição, correr a São Silvestre é permitir-se um inusitado (e exaustivo) passeio pela cidade. É poder contemplá-la em cenas raríssimas, como a do tráfego intenso de vias como a Consolação e a Brigadeiro Luís Antonio cedendo lugar a um interminável cordão humano, de mais de 10 000 pessoas.

Completei a São Silvestre em 7 953º lugar, em meio à classificação masculina (foram registradas 8 044 chegadas), com tempo oficial de 2h3min32s. Marquei o 625º tempo feminino, ou 38 posições à frente da última colocada. Decidi correr entre os homens para poder registrar o clima da prova em meio à multidão anônima que se espreme atrás dos dois pelotões de elite. A escolha atrasou minha largada em treze minutos. É que a massa de corredores chegava até a Rua Pamplona, de onde partimos — me acompanhavam o treinador Isaías Gonçalves Rodrigues, o ortopedista Antonio Masseo de Castro e o empresário João Dias.

Antes da largada, o astral é semelhante ao de uma concentração de escola de samba. Há gente carregando faixas, outros vestindo fantasias, muitos, como eu, preparando os músculos para a dura jornada a seguir. Como a massa de corredores era intransponível, conseguimos apenas andar lentamente durante os primeiros 600 metros. Apertar o passo mesmo só foi possível ao ingressar na descida da Rua da Consolação. É ali que se pode sentir pela primeira vez o clima de uma maratona e iniciar o controle de um ritmo que permitisse chegar ao fim: sete minutos para percorrer cada quilômetro. Até o início da Avenida Ipiranga tudo ainda era festa. A multidão aplaudia, gritando palavras de incentivo. Os corredores retribuíam com acenos e brincavam com a plateia.

Ao chegar ao Minhocão, os termômetros da rua marcavam graus. A sensação térmica, segundo os org

Km 15
Depois de duas horas e três minutos de prova, a chegada na Avenida Paulista: 2 quilos a menos e o coração a 184 pulsações por minuto

FOTOS EDUARDO ALBARELLO

Fonte: revista Veja São Paulo/Editora Abril/2007

DE TOP MODEL A EX-OBESA

VITÓRIA

EU PERDI 19 QUILOS E VIREI ATLETA

Ao conferir para CLAUDIA um programa de emagrecimento que prometia colocá-la em forma em dois meses, a jornalista Janete Leão Ferraz, 37 anos, emagrece, descobre o prazer do exercício e se prepara para correr a São Silvestre

té os 30 anos fui uma mulher esguia. Com 1,79 metro de altura, para 68 quilos, no máximo. Comecei a ver, assustada, o da balança oscilar entre quilos. Sou neta de libaneses com um descendente de espanhóis. Tenho um filho do dois. Todos adolescentes imaginar que a mesa lá ndo o quibe com coalhada, entram o macarrão, o as.

os anos experimentei de dietas. A da Lua, sopão. Passei também docrinologistas, acu-

punturistas e até charlatães de São Paulo. Receitas e simpatias? Pense em uma e pode apostar já fiz. Tornei-me cliente de carteirinha de spas. Depois de ficar internada quinze dias, à base de pouquíssimas calorias e muitos exercícios, retornava mais magra e sem estresse. Jurava que nunca mais voltaria a engordar. Passava um mês caminhando, controlando a boca. Depois, o dia-a-dia vencia-me de novo. O típico caso do efeito sanfona. Um inferno!

Dá para mudar esse ciclo vicioso? Para mim parecia impossível. Sem horário e local certos para comer e com uma rotina de trabalho que incluía até 12 horas fora de casa, →

ANTES **DEPOIS**

Fonte: revista Claudia/Editora Abril/1997

Na Veja São Paulo e na Claudia:
sequei 19 quilos e venci os
15 quilômetros da São Silvestre

103

V

Sem Tireoide e Deprimida: de Cara com a Obesidade Mórbida

Ainda no centro cirúrgico, abri os olhos meio tontos pelo efeito da anestesia e reconheci o meu médico e minha irmã, que acompanhara a cirurgia. Ambos apreensivos! Saquei logo: "Vocês tiraram a minha tireoide!" Não era esse o plano inicial. A biópsia aspirativa que havia sido feita antes não indicou que eu tivesse um tumor maligno nessa glândula que exerce papel fundamental no funcionamento de nosso metabolismo e que, consequentemente, fosse necessário extirpá-la. Esse desfecho foi a "cereja do bolo" para eu dar de cara com a Obesidade Mórbida.

E me pegou em um momento no qual eu experimentava uma ótima relação com o meu corpo. Tinha me tornado uma malhadora de carteirinha, tanto que, em 31 de dezembro de 1996, como contei, participei da São Silvestre, completando o trajeto em pouco mais de duas horas. Nem desconfiava que, como maratonista e malhadora, supostamente obtendo equilíbrio entre ingestão e queima de calorias, eu apenas adentrava um mundo de mistérios e surpresas, sofrimento e enganos, obesidade leve, moderada, grave e o pesadelo da Obesidade Mórbida!

Apenas um mês depois da corrida, uma consulta de rotina à minha ginecologista mostrou a ponta do iceberg que também poderia explicar por que, de repente, eu comecei a variar tanto de peso: palpando meu pescoço, ela percebeu um carocinho.

Os exames posteriores revelaram três pequenos nódulos na tireoide. O menor deles, que não chegava a um centímetro, era maligno. Essa descoberta foi feita na mesa de operação, quando o cirurgião retirou os nódulos e imediatamente os passou para um patologista fazer a análise. O novo exame sinalizou que eu tinha, sim, um câncer. Nesses casos, a extirpação da glândula é indicada. Trata-se da tireoidectomia total (quando a tiram inteira). Nos casos de nódulos benignos, a tireoidectomia é parcial.

A ausência dessa glândula é brutal para nosso organismo. Para mim a sensação foi de tirarem minha alma! Especialmente porque eu estava com o metabolismo acelerado pela prática da corrida. Tive um efeito gangorra imenso!

A tireoide é responsável por todos os aceleradores do corpo. Sem os hormônios que ela produz, não se vive. Em formato de borboleta, localizada no pescoço, ela é uma das maiores glândulas endócrinas do corpo (pesa entre 15 e 30 gramas). Entre os hormônios que produz, os principais são tiroxina (T4) e triiodotironina (T3), cuja função principal é regular a taxa do metabolismo, mas atuam também em todos os sistemas de nosso organismo. É uma espécie de combustível indispensável para o funcionamento da "máquina" humana.

Com pouco combustível, problema chamado hipotireoidismo, passamos a funcionar em câmera lenta. O coração bate mais devagar, a pele resseca, a memória falha, o intestino prende, os músculos e as articulações doem e... Ganhamos peso! O contrário acontece quando há excesso de combustível, o chamado hipertireoidismo.

Por aí dá para entender por que a extirpação total da minha tireoide, em fevereiro de 1997, aos 38 anos, foi para mim o marco drástico a partir do qual minha vida se transformou em um caos cheio de comida, insatisfação, frustração, perplexidade muda e (quase) secreta.

No pós-cirúrgico, comecei imediatamente a tomar o hormônio sintético. Mas não parecia surtir efeito. Além de acumular peso, meus cabelos começaram a cair, a pele a escamar e ganhei uma leseira infinita... Ou seja, sintomas típicos de hipotireoidismo. Em dois meses, engordei 40 quilos (segundo os médicos, minha ansiedade por conta do câncer também contribuiu para esse ganho de peso).

Desenvolvi um imenso mixedema. Fiquei inchada, parecendo uma esponja, como se tivessem insuflado ar em mim. Até hoje, Elaine Higa aplica em mim três sessões de drenagem linfática por semana. Incho fácil!

Minorias percentuais

Às voltas com todos esses problemas, eu retornava aos prantos ao médico: "Quero um transplante de tireoide! Você acabou com a minha vida!" E ele me repreendia: "Você, certamente, não está tomando os hormônios corretamente". Foi a endocrinologista Olga First, que escolhi ao acaso entre as opções do meu convênio médico, que matou a charada: ela suspeitou que o hormônio nacional não fizesse efeito em mim, por conta do sal nele utilizado, e me recomendou que tentasse outro, importado. Ela foi certeira!

Assim, constatei que sou uma integrante das minorias percentuais. Explico. Nas primeiras consultas com o cirurgião que retirou a tireoide, procurando me tranquilizar, ele disse que cerca de 30% da população passa a vida inteira com nódulos nessa glândula e nem é diagnosticada! E que a probabilidade de ser maligno era pequeníssima.

De fato, as estatísticas mostram que o câncer de tireoide representa entre 1% e 5% de todas as neoplasias em mulheres e 2% em homens. No Brasil, segundo dados do Instituto Nacional de Câncer (Inca), surgem 10,5 mil novos casos de câncer de tireoide por ano, contra 62,6 mil de câncer de pele e 52,6 mil de câncer de mama.

Raros também são os casos de pessoas para as quais os hormônios sintéticos brasileiros, que substituem os fabricados pela glândula extirpada, não funcionam. Eu caí nessa classificação na época. Pior: demorei quase um ano para descobrir que teria que desembolsar 200% a mais de dinheiro para importar o hormônio que funcionaria para mim, sem o qual eu morreria. E dei graças aos deuses e ao Universo por ter condições de comprar essa medicação, que tomo até hoje – e também de arcar com tantos outros cuidados durante toda a minha saga contra a Obesidade.

Para completar o quadro desalentador, um antidepressivo que me foi prescrito para combater a depressão grave na qual mergulhei trazia na bula a advertência de um efeito colateral cruel: míseros 3% dos usuários podiam ter aumento de apetite, ou perda do limite de saciedade no cérebro. Adivinhe onde eu fiquei? Mais uma vez, na ala das minorias!

Eu só posso contar a minha versão dos fatos porque pesquisei muito tudo isso, durante tanto tempo, que teço minha história sem temor. E pude constatar que tudo no mundo da ciência é relativo, precoce e mutante.

O fato é que houve uma espécie de curto-circuito na neuroquímica do meu cérebro que encolheu meu limite da saciedade. E você perde o limite da saciedade de qualquer coisa. Não há o que sacie, em qualquer circunstância!

Com isso, completou-se o desenho do enorme portal de entrada para a Obesidade Mórbida. Potencialmente, esse mal existia dentro de mim, é verdade. A possibilidade existia, mas eu poderia nunca ter aberto essa gaveta. Só que o desequilíbrio dos hormônios tireoidianos e o tal antidepressivo juntos funcionaram como uma chave para abri-la.

Obesa e deprimida!

E assim me vi fora de mim e de qualquer um dos "eus" que eu considerava existir... Foram nove anos e meio de ausência de consciência plena. Em todas as fotos da época, minha cara é uma só: olhar inexpressivo, vazio, velado, de uma pessoa dopada – parece não haver alma dentro daquele imenso corpo.

Ninguém define melhor o que é depressão do que o jornalista americano Andrew Solomon no livro *O Demônio da Meia-Noite* (Editora Objetiva), que li na época. Ele dedica o enorme primeiro capítulo a descrever os sintomas, com detalhes, do que é essa doença que, infelizmente, atinge os magros também.

Não é só tristeza. É uma profunda e inexplicável tristeza! Muito pior! Hoje sei que estou triste quando tenho problemas. Aprendi a definir em mim o que é uma grande chateação em comparação àquilo! Depressão é a ausência de anima, ausência de vida, ausência de energia vital. O contrário de depressão é vitalidade.

Nesse período, passei a trabalhar na revista *IstoÉ*. Acordava, tomava banho, ia para a redação, voltava e deitava. Era uma depressão seletiva. Não podia ficar na cama o dia inteiro, sabia que precisava do emprego, mas fazia tudo automaticamente. Não me lembro bem do ambiente da *IstoÉ*. Parece que foi um sonho o tempo que lá trabalhei. Eu estava totalmente fora do eixo, de mim, do que sou hoje, do que houvera sido antes.

Fuga para os Estados Unidos

Talvez num esforço desesperado para me arrancar desse caos, resolvi frilar e fazer um curso no exterior. Saí da *IstoÉ* e, em junho de 1999, decolei para Santa Barbara, Califórnia, nos EUA, pesando 100 kg e com uma mala de antidepressivos (que não tomei!). Foi uma fuga. Estava no auge da depressão, passando por uma fase difícil com meus adolescentes em casa, achando que meu casamento ia acabar...

Chegando a Santa Bárbara, duas semanas depois percebi que meu casamento não ia acabar coisa nenhuma, comecei a me perguntar o que eu estava fazendo ali, liguei para o meu marido querendo voltar. Só que o Mario Sergio não deixou. Disse que eu estava no meio de um projeto e tinha que ficar lá até o fim. E fiquei até dezembro. Voltei com 116 kg e sem roupa nenhuma.

Então, meu marido decretou: "Gorda, tudo bem. Mas sem roupa?". E encarregou minha irmã de me levar a uma loja especializada em roupas para gordas. Ele fazia números a partir do 50. Você pode imaginar um vestido desse tamanho? Cheguei lá sem falar uma palavra. Minha irmã escolheu três modelitos (que eu fiz questão de rasgar e picar muito bem picado depois). Detalhe: cada conjuntinho custava algo como 1.500 reais! E meu tamanho era 58.

Com esse estado de espírito e já pesando 135 kg, em agosto de 2000, cheguei ao consultório do psiquiatra Táki Cordás. Numa explicação para leigos, ele resumiu: "Janete, você tem uma disfunção que desarranjou algumas coisas no seu cérebro. Teremos que tentar, até acertar a medicação adequada a você".

Em poucos meses, ele chegou a um bem bolado que fazia com que meu cérebro ficasse mais ou menos acomodado à depressão e à compulsão, para que eu tivesse algum controle fora de um spa. Foi também quando adentrei o mundo das práticas ayurvédicas. As massagens do terapeuta Cristóvão de Oliveira, suas aulas de ashtanga yoga e a alimentação do antigo Oriente também foram decisivas para esse sucesso!

O coquetel que o Dr. Táki prescreveu associava três medicamentos: um antidepressivo de menor risco de ganho de peso, um remédio para diminuir a absorção de gordura e um inibidor de compulsão por carboidrato. Com novas luzes, mergulhei num programa de choque: passei um ano indo dez dias por mês ao spa. Nos 20 dias que ficava fora desse ambiente protegido, a medicação e a ayurvédica me seguravam um pouco. Assim, consegui emagrecer 50 quilos, e é preciso reiterar que o spa médico foi um grande aliado – não apenas nesse momento, pois eu já os frequentava desde 1993.

Em 1999, com mais de 100 kg, nos Estados Unidos, tentando fugir do meu caos

VI
Spas: Mais de Meia Tonelada de Gordura Perdida e Achada

"Sorocaba, 1º de dezembro de 1993. O Oduvaldo tem certa razão. O pessoal é mesmo gordão. Acho que a gente é que fica deprê de ver. São simpáticos. A maioria. Chegamos, Eliana e eu, e passamos por uma burocracia de preenchimento de fichas, pagamentos e explicações sobre as normas da casa. Depois, alguém nos mostrou as acomodações e instalações. Chamava-se Miriam. Foi ela também que revistou toda a mala, bolsa, bolsinho, frestas, cavidades de nossa bagagem, incluindo carteira, porta-trecos etc." Descrevi assim, numa espécie de diário, meu primeiro contato com um spa. Nesse caso, foi o Spa MedCampus Sorocaba, pioneiro no Brasil no segmento de spa médico, ao qual retornei muitas e muitas vezes.

Fui apresentada ao spa por Eliana, amiga de longa data, desde os tempos de Ilhabela. Uma das pessoas mais inteligentes que conheço, ela fora, como eu, magra até os trinta e poucos anos. Chegou a ser bulímica e foi a primeira das minhas amigas a se submeter a uma cirurgia bariátrica! Pioneira nessa história de dietas, tudo que era novidade na área, ela sabia. Um dia, convidou-me para ir a um spa. Eu nem sabia direito do que se tratava. Ela me explicou e lá chegamos ao MedCampus Sorocaba naquele dezembro de 1993 para uma temporada de 15 dias.

Naquela época, o MedCampus submetia seus internos a uma

dieta que pode parecer loucura: apenas 300 calorias por dia! Isso dividido em seis refeições! Cada uma composta por porções "modestas", eufemismo que usei para descrevê-las no diário. Eu e Eliana ríamos muito daqueles ciscos de comida que se perdiam no prato. Ela fotografava tudo. Depois, com o surgimento de novos spas e a diversificação dos tratamentos, o MedCampus ampliou um pouco o "cardápio" – hoje, de acordo com a avaliação médica feita na entrada, os pacientes podem fazer uma dieta diária de 300, 600 ou 900 calorias. E há ainda a dieta livre, destinada aos magros da família que se internam junto com os gordinhos, pela companhia ou apenas para uma temporada de relaxamento e férias de saúde!

Mas, quando comecei a frequentá-lo, a opção de 300 calorias/dia era regra e ponto. O controle da comida tinha início logo na entrada, com a revista minuciosa da bagagem do paciente à caça de qualquer reserva comestível camuflada – o que é feito até hoje, diga-se. Vasculhavam tudo na frente da gente e experimentavam até o xampu para ver se não era leite condensado.

Primeiro spa médico do mundo com esse conceito, o MedCampus Sorocaba foi criado em 1981 pelo endocrinologista Mauro Tadeu Moura e quatro outros sócios, dentre eles o Prof. Dr. da PUC-SP (Pontifícia Universidade Católica de São Paulo) Sergio Santos (o responsável por eu ter abandonado o tabagismo! Ao longo do tempo, nos tornamos grandes amigos e eu sempre fui grata a ele). Inspirado nos spas internacionais, mais focados em cuidados estéticos, Mauro idealizou um lugar que oferecesse também um programa de emagrecimento pautado por uma dieta balanceada restrita e atividades físicas. Em seu modelo, o MedCampus incorporou acomodações de resort e atendimento multidisciplinar em clínica médica.

Estado de "bobose"

Mauro tinha se especializado na Universidade Federal de São Paulo (Unifesp), onde foram desenvolvidos os primeiros estudos no Brasil sobre dieta restritiva para o tratamento de grandes obesos. Na década de 1950, quando nem se sonhava com a escalada estrondosa das cirurgias bariátricas, e o tratamento com medicamentos à base de anfetaminas tinha efeitos colaterais fortíssimos, a dieta restritiva mostrou-se uma saída bastante interessante para combater a Obesidade. No começo, os obesos eram deixados em jejum durante vários dias, tomando apenas água. Tinham perda de peso grande, mas ficavam tristes por não comer. Então, os médicos passaram a alimentá-los com uma dieta de 250 calorias diárias, divididas em seis refeições. Continuavam com a mesma resposta quanto à perda de peso, mas com bem-estar, animados, os pacientes até saíam do quarto.

O procedimento é baseado numa ideia simples. Nosso organismo tem uma taxa metabólica basal, que corresponde ao gasto energético do corpo em repouso para manter em funcionamento seus órgãos vitais (coração, cérebro, intestinos, pulmão etc.). Digamos que essa taxa seja de 2.000 calorias. Se o que o sujeito come corresponde apenas a 1.500 calorias, terá que tirar as 500 que faltam para fechar a conta de algum lugar. Ou seja, vai buscar em seus estoques corporais de gordura, carboidrato e proteína. E assim, acaba emagrecendo. Imagine a perda com ínfimas 300 calorias por dia! No spa, além da restrição alimentar, a queima do excesso de peso é acelerada pela atividade física intensa.

Privados de comida, entramos em estado de cetose, como explicavam lá no MedCampus. E o que é isso? A queima das reservas de gordura de nosso corpo libera no organismo os chamados corpos cetônicos – ou seja, substâncias geradas no processo de quebra dos ácidos graxos para produção de energia. A alta concentração desses corpos em nosso organismo sinaliza o estado de cetose. Quer dizer que você está emagrecendo. Por isso, essa era uma das medidas de controle no MedCampus. Vira e mexe, o pessoal fazia uma blitz: exame de sangue nos internos para ver se estavam em estado de cetose. Se não estivessem, significava que tinham quebrado a dieta (comendo escondido alguma coisa que tinham conseguido contrabandear).

A gente percebia que estava entrando em cetose. Você tem halitose (tipo "bafo de onça"), exala um cheiro diferente. Depois do terceiro dia, pode ter dor de cabeça, tontura e sonolência. Tem até quem fique meio lelé, esquece o número do próprio telefone. Tanto que, dentre os internos, a gente dizia que o tal estado era, na verdade, de "bobose".

Existe milagre?

Naquela primeira ida ao MedCampus, porém, nada disso me impressionou muito. Eliana e eu passávamos oito horas diárias malhando. As pessoas achavam que éramos atletas. E diziam: "Vocês são magras, o que estão fazendo aqui?" Eu não me importei com a rotina espartana. Não estava a fim de badalar e sim de emagrecer. Lembro-me nitidamente que chegara ao meu limite. Achando estar pesando uns 75 kg (não me pesava há semanas), cheguei lá com inacreditáveis 92 kg. Não me aceitava nem me identificaria jamais com aquele corpo. Simplesmente aquela gorda no espelho não era eu! Enfrentei bravamente as 300 calorias diárias e a atividade física. Como prêmio, limei 8,8 quilos em duas semanas! E pensei: "Bom, o milagre existe!" O ponto mais positivo da experiência foi ter quebrado o ciclo de compulsão. Afinal, como levantar no meio da noite e assaltar a geladeira se ali não havia comida?

De volta a São Paulo, com pele, astral e disposição renovados. Jurava que não só nunca mais voltaria a engordar como continuaria a dieta até queimar mais 13 quilos. Durante a internação no Med-Campus, passei por um trabalho de reeducação alimentar, saí com prescrição de atividades físicas e uma dieta que deveria seguir...

Cheguei a cumprir de verdade as instruções, como caminhar pelo menos uma hora por dia, comer menos, evitar doces, gorduras etc. Não emagreci mais! Consegui, porém, manter o peso em torno de 82 kg por quase seis meses. Aos poucos fui abandonando as lições aprendidas no spa – a maior delas é a convivência com gente que pesa mais de 150 kg e enfrenta até dois anos de tratamento antes de poder voltar à realidade fora dos muros altos e do controle da clínica.

Já imagina o que aconteceu, não é? Novamente presa na roda--viva do engorda-emagrece, percebi que precisava mais uma vez da ajuda do spa. Foi no verão de 1994. Resolvemos passar as férias numa praia maravilhosa em Búzios, no Rio de Janeiro. Nas areias douradas do balneário me dei conta, pela primeira vez, que definitivamente eu "embuchara"! Tive que enfrentar a dura realidade de uma maneira, para mim, cruel.

Antes, mesmo com alguns quilos a mais, eu sempre atraía olhares por onde passava. Como disse, sou um tipo árabe, grandona e falante, tipicamente bem feita de corpo, nunca passava em brancas nuvens.

Aquela temporada, porém, foi arrasadora para minha autoestima. Eu beirava os 100 kg, distribuídos em forma de paralelepípedo. Ain-

Janete Leão Ferraz

da não chamávamos nossas idas à praia de Projeto Orca e Free Willy, brincadeira de Mario Sergio sobre nossas silhuetas. Nas fases mais avançadas da minha Obesidade, ele me acompanhava em praias vazias em Salvador e outras paragens. Mesmo assim, colocava o meu biquíni. Nunca usei maiô, nem quando estava com 135 kg! Gordas amadas minhas: ATENÇÃO! É mil vezes melhor colocar seu duas peças e bronzear a barriga; porque ficar nua depois que você a esconde do sol com um maiô é a coisa mais ridícula do mundo, ela grita: "Alôô, cheguei!".

Retomando o lance de Búzios, uma palavra resume minhas emoções: decepção! Não recebi um olhar sequer ao cruzar a praia. Senti-me horrível e desamparada.

O golpe final foi quando Mario Sergio chegou ao meu ouvido, à beira-mar, e disse: "Tudo bem, acho que está na hora de voltar para o spa. Você está gorda mesmo!" Ele nunca havia concordado comigo sobre meu excesso de peso... Carinhoso, costumava dizer que meus quilos a mais não o incomodavam desde que eu me sentisse bem. Dizia que não notava tamanha diferença do corpo de outrora e que buscar tantos tratamentos para emagrecer era neura minha. Achava um absurdo eu me recusar a transar de luz acesa. Ele tinha razão, eu passei a recusar os divertidos jogos de sedução. O máximo que eu conseguia notar quando a luz estava acesa era as dobras da minha barriga, nada sensuais.

Dito e feito. Terminadas as férias na praia, rumei para minha segunda temporada no spa. Um recurso que passou a fazer parte de minha desesperada busca pelas formas magras perdidas nos anos seguintes. Somando todas as minhas idas e vindas, passei mais de dois anos internada nessas clínicas. Período em que vi sair e entrar em meu corpo mais de meia tonelada de gordura.

Já visitei uns 20 spas no Brasil e mundo afora. Dos anos 2000 para cá, as linhas de trabalho se diversificaram, surgiram opções com dietas mais maleáveis. Ou propostas mais elitistas como a de um hotel chiquérrimo em Gramado (RS), que, dentre os vários tratamentos estéticos que oferecia, tinha um banho de chocolate cosmético! Deve ser ótimo para hidratar a pele – mas deve hidratar também a língua e o estômago de um compulsivo que não hesitará em cair de boca na banheira achocolatada! Porque, vamos combinar, um grande obeso que paga a maior grana na diária de um spa magnífico como esse tem que se controlar muito para não lamber o banho. Eu lambia a gomagem à base de sal grosso e cremes, de outro spa, imagina o achocolatado?

Com base no que vi em todos os spas por onde passei, posso dizer que poucos contam com a estrutura que acho indispensável para receber obesos. Não é só ter ofurô, piscina e essas coisas. Tem que ter acompanhamento médico, equipe multidisciplinar, estrutura para exames, porque quem é obeso precisa de acompanhamento médico individualizado, até por conta das comorbidades.

Até hoje, me dou férias de dez dias em spa para manter a beleza da saúde e a saúde da beleza.

Humor e amigos

No MedCampus fiz muitos amigos. Toda temporada tem uma turminha que se conhece lá e vai ser amiga para sempre quando sair. Lá dentro você está entre iguais. É uma espécie de oásis, de reduto onde você pode ser gordo sem ser olhado como se tivesse um defeito de caráter. E olha que havia gordos de todos os tamanhos. Tinha gente com 400 kg. Acompanhei muitas histórias de quem morou no spa um ano ou dois para emagrecer 200 quilos e fazer cirurgias de retirada de pele. Alguns se internavam por livre e espontânea vontade, como eu. Outros eram levados pela família. Principalmente na época de férias escolares (janeiro, fevereiro e julho), havia muitos adolescentes e jovens obesos. Lá todos se encontram e há uma vida social. Além de grandes amizades, vi muita gente namorar e se casar com pessoas que conheceram no spa.

Tinha muito humor entre os internos. A gente chamava de gordomóvel o carro que leva para cima e para baixo lá dentro quem não quer ou não pode andar. Nos finais de semana, quando o spa abre para a visita de familiares, a gente brincava que era o gordológico: as pessoas vinham rever os parentes, mas também ficavam reparando os gordos alheios! Nas áreas comuns, quando o telefone tocava, muitos internos respondiam: "Casa da banha, bom dia!"

Também rolava muita história engraçada, algumas tragicômicas. Teve o caso que ficou famoso dentre os internos. Era o de um cara que permaneceu internado durante uns oito meses. Um senhor muito rico. Dizem que arrumou uma amante novinha e bonitona e chegou a comprar uma butique para ela. Quando ele emagreceu o suficiente, voltou para São Paulo para fazer as cirurgias reparadoras. Só que teve o efeito rebote da anestesia com a família original toda à sua volta. Sabe aquele em que você destrambelha a falar, tipo o soro da verdade, conta tudo e mais um pouco e depois não se lembra de nada? Ele entregou aos familiares toda a história da amante. Disse que era uma gostosa, magrinha, que transava divinamente. Nada a ver com a esposa, que ele chamou de bagulho. Resultado: ela pediu a separação e ele perdeu tudo para a família. A amante deu no pé e ele ficou sem nada.

Histórias engraçadas mesmo eram relacionadas às tentativas de burlar a dieta rígida. O MedCampus fica numa fazenda com árvores frutíferas. Toda manhã, os funcionários passavam recolhendo frutos, ainda verdes, para evitar que os internos catassem para comer. Mas sempre sobravam uns coquinhos meio verdes, meio maduros que a Eliana conseguia fisgar.

Ouvia muitas histórias folclóricas. Contavam, por exemplo, que certa vez um dos internos matou um pato da lagoa (sim, lá tem um lagão lindo, onde eles nadam placidamente) para tentar assar no aparelho de ar-condicionado do apartamento. Deve ter ficado um cheiro horrível! Diziam também que uma vez o filho de um figurão da política paulista, que tinha sido expulso por quebrar a cetose, alugou um helicóptero para sobrevoar o MedCampus e jogar melancias e bombons lá de cima. Imagine a cena, uma chuva de bombons! E de onde ele tirou a ideia das melancias? Que por sorte não caíram na cabeça de ninguém.

Quem era flagrado fora do estado de cetose, o que comprovava que a pessoa tinha quebrado a dieta, era expulso sem dó nem piedade. Era uma expulsão sumária, um bando de gordinhos que pegava suas trouxas e ia embora. Não podiam mais ficar no spa.

Cheguei a presenciar algumas expulsões. Um dos internos, um garoto goiano, organizou um esquema para traficar sanduíches. Pagava uma grana para um motorista de táxi trazer o petisco da cidade e se embrenhar nas matas, a fim de passar a "muamba" pela cerca de arame farpado.

O esquema foi descoberto porque esse moço passou muito mal, vomitou (o sanduíche deve ter estragado enquanto ficava lá escondido esperando o gordinho ir resgatar) e levantou a suspeita. Quem passa o dia com 300 calorias tem o que para vomitar? Não deu outra, a equipe médica do spa decretou logo: todo mundo colhendo sangue para conferir a cetose. E o transgressor e seus cúmplices foram descobertos.

Traficâncias

Eu nunca gostei de quebrar a cetose. Primeiro porque achava que, se estava ali com o objetivo de perder peso, não tinha porque burlar. Mas cheguei a comer cubinhos de queijo traficados. Também teve uma vez que cometi uma pequena travessura junto com três amigas – Eliana, Luciane (uma das gordas mais hilárias que conheci e que hoje é magra, graças a uma drástica cirurgia bariátrica que fez há dez anos), e ainda Madalena, outra amizade conquistada no spa e que até hoje vinga e viceja! Madalena também já se operou, recorrendo a uma das primeiras versões da técnica chamada Bypass. A técnica de Luciane é a Scopinaro. A explicação sobre cada uma delas e de outras, você encontra no capítulo seguinte.

Estávamos quatro gordas internadas e lembrei-me de um pacotão de biscoito de polvilho que havia esquecido em meu carro. Aí armamos um plano para ir até lá e verificar se a preciosidade tinha passado pela revista. Já era noite, e lá fomos nós em diligência secreta, quatro mulheres de 40 anos parecendo um bando de crianças prestes a fazer uma travessura. Tínhamos que cruzar um gramadão em frente ao restaurante para chegar até a garagem, sem que ninguém nos visse. E o medo de abrir o carro e o alarme disparar? Com a respiração presa, puxei a porta (que felizmente estava destravada), peguei a chave no guarda-sol, desliguei o alarme e... Vitória: resgatamos o almejado saco de polvilho.

Com a primeira parte da diligência bem-sucedida, partimos para a segunda, que era retornar ao meu quarto com aquele pacotão. Eu andava por todo canto de biquíni sob o roupão, tipo um aventalzão branco trespassado na frente, oferecido aos pacientes. A estratégia era esconder o pacote de polvilho monstro embaixo do avental. Para não dar muito na vista, a Eliana e a Madalena voltaram na frente e foram nos esperar em meu quarto. Eu e Luciane seguimos depois. Por falta de sorte, quando íamos chegando perto do restaurante, vimos um grupo de funcionárias que estavam trocando turno na cozinha, na direção de meu quarto. Íamos ser descobertas na certa. Com a maior presença de espírito, a Luciane pulou na frente e começou a dançar cancan para distrair a atenção das meninas, enquanto eu corria.

Quando finalmente nos reunimos no quarto em torno do pacote de biscoitos, ele não durou um segundo. Eu ainda fiquei lambendo as migalhinhas. Valeu mais pela diversão, pela aventura e pela cumplicidade.

As traficâncias sempre existiram. Um dos produtos mais cobiçados era o tal queijinho. Pacientes veteranos garantiam que comer um ou dois quebrava o galho, mas não a cetose, por não ser muito salgado, nem doce, nem muito gorduroso. Outra coisa que se traficava bastante era chiclete, que não tem caloria nenhuma. O problema é que ficar mascando aquilo dá mais fome e aumenta a ingestão de líquido, o que eleva o peso no dia seguinte.

Eu mesma fiz muito tráfico de chiclete. Depois de certo tempo de spa, você fica esperta. Então encontrei um esquema para burlar a re-

Janete Leão Ferraz

vista feita ao chegar. Claro que, a partir de agora, ré confessa aqui, não vai mais funcionar. O roteiro é sempre o mesmo: cumprimos a burocracia da recepção e uma funcionária nos leva para os outros rituais de praxe. Eu invertia a ordem das coisas. Antes de ir para o ambulatório para a consulta de admissão, dizia a ela que preferia passar no meu quarto para tirar a roupa e colocar o roupão. Assim desceria já pronta para me pesar e fazer os exames de entrada, como eletrocardiograma e função pulmonar, no ambulatório (sem brinco, sem relógio, sem nada, porque tudo isso faz diferença no peso). No quarto, enquanto ela revistava a bagagem, eu ía ao banheiro me trocar. Aproveitava para retirar os chicletes do bolso da calça e esconder na parte de cima da divisória do box. Depois, quando voltava para o quarto, resgatava os chicletes e escondia no meio de um livro, dentro de uma gaveta.

Spas também têm um lado muito gostoso. Nos melhores, encontram-se alimentação saudável, quartos confortáveis, infraestrutura médico-hoteleira de qualidade.

Mario Sergio falava que era loucura, que eu ia a esses lugares me martirizar. Só depois de uns seis anos, ele descobriu todas essas benesses numa primeira internação e passou a frequentar os spas. Protagonizamos, junto com Mário Prata e uma galera, temporadas memoráveis no São Pedro. O que rendeu a Prata duas edições do *Diário de um Magro*, onde revela divertidas histórias passadas no spa.

Recolhi meus prontuários e, ao fazer as contas do tempo passado como interna e os quilos que lá deixei, aquilato que obesos leves e moderados podem se dar bem frequentando o spa regularmente. Encontrei desta vez poucos grandes obesos: um homem de 260 kg, que ainda não conseguia sair do quarto, e uma mulher de 150 kg, infelizmente vítima de certas cirurgias que não funcionam! Sim, dura verdade.

DE TOP MODEL A EX-OBESA

Temporadas frequentes em spas e uso de biquíni, independentemente do peso

131

VII
Cirurgias Bariátricas: Caminhos, Descaminhos e Recaminhos

Um jantar padrão de Rita incluía uma pizza inteira, duas garrafas de refrigerante tamanho família, um pãozinho e um pote de sorvete. De repente, após uma cirurgia para tratar a Obesidade, viu-se obrigada a comer, em cada refeição, apenas o equivalente a cinco copinhos de café – e só podia ingerir bocados de 20 ml por vez, ou meio copinho. Ouvi esse relato espantoso em 2001, quando entrevistei mais de 110 pessoas, dentre operados e especialistas da área médica, para compor a matéria "Mais leves, bem mais leves", publicada na edição de abril da revista *Claudia*.

Nessa matéria, repórter curiosa que sou e então gorda, sempre em busca de uma solução para a doença, procurei dissecar uma intervenção que despontava como a solução salvadora e a esperança dos obesos mórbidos: a cirurgia bariátrica. Rita, na época, com 30 anos e pesando 160 kg, jogou todas as suas fichas nisso.

E, aparentemente, teve sucesso: em um ano, baixou seu peso para 86 kg, melhorou da depressão, recuperou a autoestima e até aprendeu a andar de bicicleta!

Minhas pesquisas para a matéria mostravam a fenomenal escalada dessas cirurgias, que surgiram nos Estados Unidos nos anos 1950 e chegaram ao Brasil duas décadas depois. Segundo o que apurei, de 1995 a 2001, as intervenções no Brasil tinham pulado de 15 para 2.500. E não pararam mais de crescer exponencialmente, como mostram os números da Sociedade Brasileira de Cirurgia Bariátrica e Metabólica (SBCBM) e do Ministério da Saúde. Em 2003, o número de cirurgias realizadas pela rede particular e suplementar foi de 16 mil e outras 1.778 foram feitas pela rede pública de saúde. Em 2011, esses números pularam para 72 mil e 5.332, respectivamente, mesmo sendo indicada exclusivamente para quem tem Obesidade Mórbida, ou seja, pessoas com IMC igual ou superior a 40. Ou aquelas com IMC acima de 35 e que apresentem alguma doença associada ao ganho de peso, como diabetes.

A disseminação de informações sobre o procedimento e a especialização de um número cada vez maior de médicos para realizá-lo ajudaram a colocar o Brasil em segundo lugar no ranking dos países que mais praticam esse tipo de cirurgia – atrás apenas dos Estados Unidos, onde foram feitas 300 mil em 2010.

Prazer em conhecer

Para entender melhor as cirurgias bariátricas, aprendi sobre o nosso aparelho digestivo. Ele é composto pelo esôfago, uma espécie de corredor pelo qual a comida chega ao grande hall que chamamos de estômago. Ali, o alimento recebe um banho de ácidos gástricos que dão início à digestão. Em seguida, a comida passa para o intestino delgado, formado por três "salas": duodeno, jejuno e íleo. Logo que entram no duodeno, os nacos de alimento recebem uma carga de enzimas biliopancreáticas, as responsáveis pela "quebra" do alimento em partículas cada vez menores. Assim, os nutrientes liberados podem ser absorvidos pela mucosa intestinal enquanto passam de uma "sala" à outra. O que chega ao íleo e não é absorvido vai para o intestino grosso, uma espécie de "área de serviço" de nosso aparelho digestivo, povoada por um exército de bactérias. Essa tropa faminta devora "as sobras", preparando-as para serem eliminadas na forma de fezes.

Pois bem, as cirurgias bariátricas propõem nada mais nada menos do que uma "reforma" nessa casa que é nosso aparelho digestivo. Há várias maneiras de realizá-la. Ao contrário do que sugere o seu nome popular, cirurgia de redução de estômago, as mudanças não acontecem apenas no hall. Dependendo da técnica escolhida, há intervenções em vários "cômodos da casa". As cirurgias podem ser de três tipos: restritivas, malabsortivas ou mistas, que combinam os princípios das duas primeiras.

A banda gástrica ajustável, procedimento restritivo, promete redução de 25% a 40% do excesso de peso. Criada em 1984 e praticada no Brasil desde 1996, corresponde a 5% das cirurgias de Obesidade feitas por aqui. Consiste em "estrangular" o estômago com um anel de silicone ajustável. O órgão fica como uma ampulheta, com uma pequena câmara acima do anel, onde o alimento se concentra e vai passando aos poucos para a cavidade maior. O papel do anel é tornar mais lenta essa passagem. Por meio de uma agulha, é possível injetar soro fisiológico nesse anel ou retirar um pouco do líquido, permitindo controlar a vazão. Mas essa passagem nunca deve ficar larga demais, do contrário não surtirá o efeito desejado.

Há relatos de que muitos pacientes entalam, engasgam ou vomitam se insistirem em comer demais ou não mastigar direito. Só que muita gente que coloca a banda acaba dando um jeitinho para não sofrer tanto. Passa a ingerir comidas pastosas, em geral muito mais calóricas, como sorvete, *milk shake* ou alcoólicos; não perde peso e ganha uma qualidade de vida desagradável. Claro que se pode argumentar que, nesse caso, trata-se de uma conduta planejada, visando a resolver o mal maior que é a Obesidade, uma doença descontrolada, estigmatizante e com inúmeras consequências.

Nos anos 1970, o cirurgião italiano Nicola Scopinaro teve a ideia de fazer uma cirurgia que não fosse restritiva. Ele queria deixar o sujeito se alimentar livremente, com o argumento de que na Itália comer faz parte da atividade social. Comer tudo e ainda emagrecer? Como?

Scopinaro consolidou o conceito da cirurgia malabsortiva. Essa técnica cria dois caminhos paralelos no intestino delgado: por um segue a maior parte dos alimentos e pelo outro as enzimas biliopancreáticas. Essas enzimas são as responsáveis pela digestão do alimento, lembra? Se os dois não se encontram, não há digestão eficiente. E, nesse caso, não tem absorção, inclusive de vitaminas. Então o princípio está aí: com o desvio intestinal há uma redução na absorção dos nutrientes, daí o termo "malabsortiva".

Uma parte do estômago também é cortada, ficando esse órgão com apenas 30% a 40% de sua capacidade original. Mas aqui a ideia não é restringir e sim diminuir a quantidade de ácidos, produzidos pelo estômago, que chega ao intestino delgado. Na configuração original de nosso aparelho digestivo, o duodeno resiste bem ao suco gástrico. O mesmo não acontece com o jejuno e o íleo, que podem ulcerar. Por isso, Scopinaro pensou em cortar um pedaço do estômago para diminuir a produção de ácidos e proteger essas alças intestinais. Essa técnica propõe o corte do órgão na horizontal, alterando seu mecanismo de esvaziamento.

Uma derivação dessa técnica, a Duodenal Switch, mantém o desvio intestinal, mas faz a redução do estômago na vertical, transformando-o em um tubo, o que permite preservar seu mecanismo de esvaziamento. Essas duas modalidades correspondem a 5% dos procedimentos realizados no Brasil e prometem perdas de excesso de peso entre 70% e 80%.

Como as duas técnicas reduzem a absorção de nutrientes, podem levar à desnutrição, deficiência de minerais e vitaminas. Isso porque o duodeno e o jejuno ficam fechados e é justamente nesses segmentos que ocorre a maior absorção de elementos importantes como cálcio, ferro e proteínas, tanto que alguns pacientes ficam com cara de desnutridos, de quem emagreceu artificialmente.

É preciso tomar suplementos vitamínicos e proteicos e não sumir do consultório médico, pois necessita ser acompanhado de perto, do contrário, tem gente que pode ficar tão mal, que precisará de internação para ser nutrida. Como tomar os suplementos só por boca não resolve, muitas vezes têm que receber nutrientes pela veia.

Com o desvio, a comida chega ao intestino grosso praticamente intacta, sem digestão. Certas bactérias, que povoam essa parte do tubo digestivo, superalimentadas, produzem em abundância gases e ácidos. Os primeiros desencadeiam flatulência intensa. E os ácidos provocam diarreias frequentes. Ou seja, a pessoa come e vai ao banheiro, quase imediatamente. E comendo muito, vai muito ao banheiro.

A técnica mais usada no Brasil, entretanto, é mista. Combina os dois conceitos: restrição e malabsorção. Trata-se do Bypass Gástrico ou Gastroplastia com desvio intestinal em Y de Roux (bypass significa deixar de lado e o Y se refere à configuração do intestino depois que é feito o desvio). Essa técnica corresponde a 75% dos procedimentos feitos hoje no país. Ela grampeia o estômago, deixando em uso apenas uma ínfima parte (mais ou menos do tamanho de um limão): o órgão, que normalmente comporta em torno de 1,5 litros de alimento, passa a suportar apenas 50 ml.

Também é feito um desvio no intestino, deixando o duodeno e um pedacinho do jejuno fechados. Com isso, pretende-se obter uma malabsorção mais branda, que é compensada com um estômago pequeno. Um dos cirurgiões que desenvolveu a técnica foi o colombiano radicado nos Estados Unidos Rafael Capella. Por isso, o método também é chamado de cirurgia de Capella.

A perda de excesso de peso com o Bypass Gástrico gira na casa de 60% a 75%. Esse procedimento não extingue os efeitos colaterais provocados pela restrição e a malabsorção das técnicas anteriores. Há pessoas que apresentam *dumping* (sudorese, sensação de morte iminente, coração disparado, queda de pressão, sensação de desmaio) quando come alimentos muito calóricos, especialmente doces, como um punhado de jujuba, um quindim ou um brigadeiro. Com isso, aprende rapidinho a passar longe dessas guloseimas.

Muita gente opta por esse método porque, como parte do estômago é apenas grampeada, ou seja, não é retirada, há expectativa de que se possa desfazer a cirurgia. Existe essa possibilidade, em tese, mas com casuística pouco frequente.

Mais recente, a quarta modalidade de cirurgia bariátrica utilizada no Brasil é a Gastrectomia Vertical. A técnica consiste em transformar o estômago em um tubo com capacidade entre 80 e 100 ml e vem sendo usada desde o começo dos anos 2000. Promete queimar entre 40% e 60% do excesso de peso e corresponde a 15% das cirurgias realizadas no país.

Dúbia realidade. E agora, Janete?

Durante a apuração da matéria "Leves, bem mais leves", para a revista *Claudia*, encontrei pessoas que, apesar das mudanças drásticas em seu aparelho digestivo, conseguiram reorganizar a vida com certa qualidade, como Rita, que citei no começo deste capítulo. Uma das minhas outras entrevistadas contou animadamente o quanto ela era feliz por degustar lentamente uma salada de frutas (sem caldo, ou açúcar, nada) enquanto o marido e os filhos traçavam arrobas de carne num rodízio gaúcho!

Mas também constatei estarrecida que as soluções encontradas pelos mais de 30 médicos e 80 obesos que entrevistei não serviriam para mim. Eu enlouqueceria ou morreria se me submetesse a uma intervenção que pudesse ser lesiva ou mutilante.

Por que isso? Entrevistei muitos outros operados com histórias bem diversas da de Rita. Sensível à questão, e atentamente, conversei por muito tempo com pessoas que quebraram a casa toda no pós-cirúrgico ao descobrir que jamais poderiam partilhar uma refeição igual à da família.

Deparei-me com um bando de malucos, pensava! Falei com familiares de obesos que tinham se suicidado depois de constatar as

Janete Leão Ferraz

limitações da cirurgia e também de vários que tinham se tornado alcoólatras e pereceram de doenças correlatas, como cirrose hepática.

Uma das entrevistadas pesava apenas 40 kg (emagrecera 80). Contou-me viver única, exclusiva e obsessivamente para emagrecer. Detalhou sua rotina noturna: "Levanto, me olho no espelho e me vejo gorda, então me peso e vejo que não engordei, volto a dormir, acordo e repito a pesagem mais de 20 vezes por noite". Durante o dia, ela dormia e frequentava consultórios médicos, mentindo para obter receitas de anorexígenos, diuréticos e diarreicos.

Algumas pessoas haviam rompido seus casamentos e culpavam os ex e as ex pela obesidade, trocando a vida em família por baladas e aventuras que julgavam "perdidas" numa juventude obesa, revelando um comportamento meio "sem noção" e tardio, chegando a protagonizar cenas e figurinos ridículos para a idade.

Fiquei apavorada também ao ler que, nos Estados Unidos, uma verdadeira indústria parecia estar sendo criada em torno dessas cirurgias, envolvendo uma engrenagem que incluía a produção farmacêutica, médicos, paramédicos e um sem-número de pessoas que resultavam mutiladas. Como as pesquisas científicas funcionam por amostragem, ciência e clientela se embolaram de tal forma que me parecia haver rachas homéricos entre médicos e instituições, reveladas apenas em "mediquês", linguagem incompreensível para não médicos. Como nem sempre explicações claras chegam ao leigo, só depois de passar pela mesa de operação, ele começa a constatar a dura realidade, assim como eu fui observando ao acompanhar o dia a dia de algumas amigas operadas. Testemunhei verdadeiros dramas e traumas nos quais elas mergulharam depois de se submeter a uma cirurgia de obesidade.

DE TOP MODEL A EX-OBESA

Primeira entre minhas "amigas de peso" a se operar, Eliana já tentou duas técnicas e continua gorda. A primeira foi há dez anos, ela fez uma Bypass. Voltou a engordar, e fez a Bypass em Y de Roux. Depois da primeira, ela tinha dificuldade de comer fibra, não podia engolir carne nem uma salada de folhas.

Engasgava geral. Logo percebeu que massa descia bem, era a coisa mais confortável de ingerir. E seguiu nessa batida. Não deu outra, recuperou o corpão de antes. A segunda cirurgia resolveu o problema dos engasgos. Mas tem crises de *dumping* e não digere bem o leite. Emagreceu menos do que da primeira vez e, tempos depois, retornou ao peso anterior. Hoje, carrega 106 kg para lá e para cá. Também ficou com uma sequela terrível: arrota o tempo inteiro. É muito frustrante!

A Luciane, que fez Scopinaro há 10 anos, tem problemas como incoercíveis crises de flatulência e diarreias. Quando vai a Paris, só se hospeda num dos hotéis mais luxuosos do mundo. E vai sempre com sua *entourage*, que aloja em várias suítes, enquanto ela fica em outra. Certa vez, ela entupiu o vaso sanitário da sua, trocou de suíte com seus assessores. Entupiu os banheiros deles também!

Tenho outra amiga, Marina, que vomita todos os dias há 14 anos. Ela se tornara mãe de uma menina e, decidida a não passar para a filha um mau exemplo em relação ao controle de peso, entrou na faca. E a gente não percebe suas escapadas ao banheiro. Diz que tem uma técnica para vomitar sem fazer barulho. Mas dá para ver seu penar pelos dentes desgastados por causa da agressão do suco gástrico. É outra sobrevivente que sofre e muito!

Vários caminhos, alguns impasses. O que exige mais e mais esclarecimento. Não apenas anônimos procuraram nessas técnicas

Janete Leão Ferraz

a perspectiva de cura. Nomes conhecidos de formas avantajadas também embarcaram nessa. De políticos a personalidades da comunicação. Basta percorrer algumas revistas dos últimos dez anos e se encontrará relatos densos. Por exemplo: o publicitário Nizan Guanaes, depois de um histórico de 20 anos de quilos a mais, ao atingir 135 kg, desenvolveu complicações como a apneia do sono, que o impedia de dormir direito. Em uma entrevista à revista *Veja*, em novembro de 2006, declarou: "Fiz todos os regimes: dos pontos, do Atkins, da lua, do pão, até do quiabo. Pus balão no estômago e emagreci 20 quilos, mas aprendi a enganar o balão e recuperei tudo. Os endocrinologistas não queriam nem mais me atender porque eu era propaganda negativa. Sou uma pessoa tensa, ansiosa e sempre canalizei isso para a comida. Eu comia loucamente, não conseguia me controlar".

Quarenta quilos mais leve, depois de cirurgia bariátrica, Nizan declarou à revista que, embora tivesse momentos de náuseas, comia e bebia de tudo, menos pão e alface, que não desciam bem. E completava: "Tomo de duas a três taças de vinho quase todo dia, no jantar". Complicações também aconteceram com uma das figuras mais conhecidas da sociedade paulista, o ex-playboy Chiquinho Scarpa. Ele vivia em guerra com a balança, cujos ponteiros chegaram a sinalizar 110 kg. Decidiu se submeter a uma Scopinaro, em 2009, depois de ver a irmã secar 50 quilos com a mesma técnica.

No pós-operatório, porém, passou por maus bocados e ficou meses na UTI. Segundo as recomendações médicas, nos primeiros dez dias, ele deveria seguir uma dieta líquida, ingerida em pequenas quantidades (30 ml), a cada meia hora. Segundo a reportagem "O drama de Chiquinho Scarpa na UTI do Sírio-Libanês", da revis-

144

ta *Veja São Paulo*, edição de 20 de maio de 2009, ele desobedeceu, tomou litros e litros de água e suco. Os pontos da cirurgia estouraram e o líquido vazou para a cavidade abdominal provocando uma infecção na membrana que reveste os órgãos intestinais.

Recuperado, em 2011, Chiquinho declarou à revista *Contigo!*: "Apesar das complicações que tive, eu não me arrependo de nada. Faria tudo de novo. Eu levo o maior vidão por causa disso, como de tudo, bebo de tudo sem engordar absolutamente nada. A única desvantagem é que não absorvo as vitaminas dos alimentos, mas as reponho por meio de cápsulas".

Por todas essas turbulências, nem sempre presentes, mas possíveis, relutei antes de seguir o caminho do centro cirúrgico. Contudo, depois daquela fase em que fiquei um ano inteiro indo e vindo do spa, todo mês, para emagrecer 50 quilos, voltei a engordar muito. Já estava sem forças para repetir tudo de novo... E uma frase de Eliana (operada havia dois anos) ecoava em minha cabeça: "Agora não penso mais em dieta, o lance é entre meu estômago e meu intestino", decidi, desejosa de também me livrar daquele pesadelo que me atormentava 24 horas por dia: vou me operar e ponto.

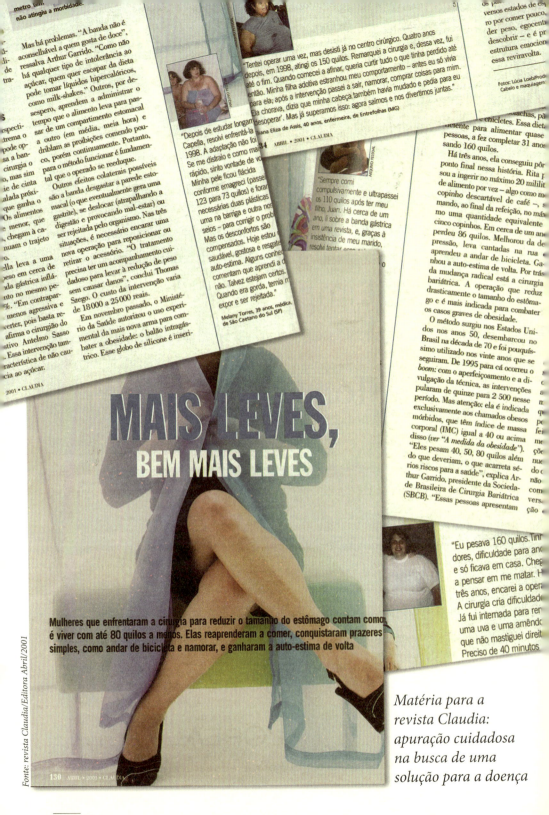

Matéria para a revista Claudia: apuração cuidadosa na busca de uma solução para a doença

Aparelho digestivo (versão simplificada)

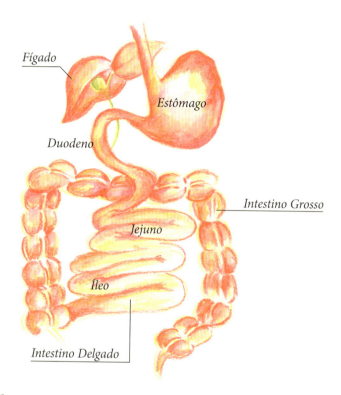

Técnicas de cirurgia

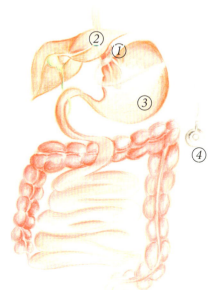

Banda gástrica ajustável
Cirurgia restritiva. Um anel de silicone (1) é colocado na parte superior do estômago, formando uma pequena câmara (2), onde o alimento se concentra e vai passando aos poucos para a cavidade maior (3). Para regular a passagem de uma quantidade maior ou menor de alimento, ajusta-se o anel injetando nele soro fisiológico ou retirando um pouco desse líquido com uma agulha. Isso é feito por meio de um "botão" (4) fixado em um músculo do abdômen, embaixo da pele.

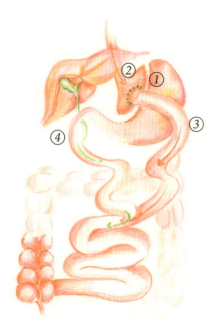

Bypass Gástrico ou Gastroplastia com desvio intestinal em Y de Roux

Combina restrição e malabsorção. Parte do estômago é grampeada (1), ficando em uso apenas uma cavidade ínfima (2) com capacidade de 50 ml, restringindo-se assim o espaço para a comida. Cria-se um desvio no intestino, que deixa o duodeno e parte do jejuno fechados (3), as enzimas biliopancreáticas seguem pela outra alça (4), que não a que o alimento passa.

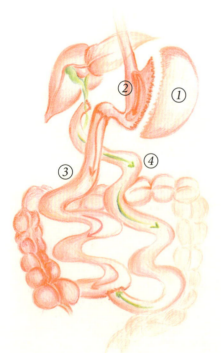

Derivações bíliopancreáticas Duodenal Switch

Técnica malabsortiva. Retira-se em torno de 85% do estômago (1) com um corte na vertical, deixando o órgão com a aparência de um tubo (2) e preservando sua fisiologia de esvaziamento. Cria-se um desvio intestinal para a passagem do alimento, alça com seta vermelha (3), separando-o das enzimas da alça com seta verde (4). O duodeno e o jejuno ficam excluídos da passagem de alimentos.

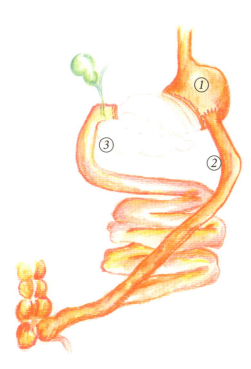

Scopinaro
Também reduz o estômago, com um corte na horizontal, deixando a parte superior em funcionamento (1). O desvio do intestino segue os mesmos princípios da Duodenal, com o alimento seguindo por uma das alças (2) e as enzimas pela outra (3).

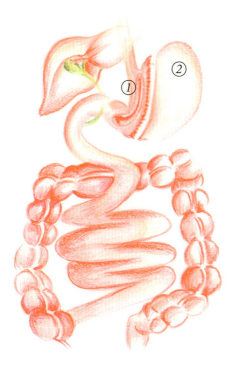

Gastrectomia vertical
Redução do estômago, que ganha a forma de um tubo (1). A parte maior (2) é retirada. Com isso, o órgão produz menos suco gástrico e menos grelina, o hormônio que desencadeia a sensação de fome.

VIII
Rumo ao Controle de Peso: Vivíssima e Plena

Com a frase da minha amiga Eliana martelando em minha cabeça ("Não penso mais nisso!"), sentei diante da minha geriatra e disse: "Não aguento mais, vou fazer a cirurgia". Ela rapidamente reagiu: "Já que não vou te segurar mesmo, consulte ao menos três médicos", um deles seu colega de faculdade, Dr. Sérgio Santoro. Eu já conhecia dois outros e marquei a consulta com Santoro. Quando ele desenhou a técnica para mim, exultei: "Eureka! Quero operar amanhã!" Já havia pesquisado tanto os outros métodos que pude comparar. E vi que, realmente, o que ele fazia era diferente. Eu tinha uma referência em casa que, curiosamente, se aproximava da proposta dele. Por volta dos 40 anos de idade, meu pai foi operado de úlcera. Tiraram metade de seu estômago, e ele, que tinha sobrepeso médio, emagreceu 20 quilos e ficou um cara magro e saudável.

Tive, porém, que controlar minha ansiedade. Não dava para me operar no dia seguinte, esclareceu o médico. Era necessário passar por uma preparação técnica e burocrática que levou uns seis meses. Eu precisei de declaração do meu psiquiatra, atestando estar preparada para a cirurgia, tive que provar que era obesa mórbida, fazer inúmeros exames, me preparar muito para prevenir possíveis ocor-rências, como uma trombose ou crise de hipertensão... E finalmente marcamos a data: 28 de outubro de 2004; era o dia do aniversário de meu filho Pedro, que na época estava fora do Brasil, em temporada de estudos. Devo ter chegado à mesa de cirurgia com 138 kg.

Do momento em que tomei a anestesia até recobrar os sentidos foram quatro horas – duas e meia delas só na realização da cirurgia. Quando acordei, já no quarto, olhei o enfermeiro que estava tro-cando meu soro e recitei tudo o que ele tinha comido no almoço. Ele respondeu, admirado: "Comi isso sim. Como é que você sabe?" Ele exalava o cheiro da comida pelos poros. Depois da cirurgia, os hormônios do estômago e do intestino voltaram a conversar com os do cérebro num papo muito *tête-à-tête*. É uma volta *over*. Aguça o olfato, o paladar, a visão, todos os sentidos.

Descobertas alentadoras

Os hormônios são a chave dessa operação a que me submeti. Ela é possível graças às descobertas feitas ao longo das últimas dé-cadas, inclusive observando-se os resultados das várias técnicas de cirurgias da obesidade que vinham sendo empregadas.

Antes de me submeter à operação, o doutor Santoro me deu uma aula sobre tudo isso e ficou à disposição para que eu tirasse qualquer dúvida que surgisse depois. Eu li muito da literatura disponível sobre o assunto. Bastante esclarecedor foi o livro do médico Helion Póvoa, chamado *O Cérebro Desconhecido*, sobre a importância hormonal do trato gastrointestinal. Grifei o livro inteiro e, com ele em punho, consultei uma dezena de endocrinologistas e gastroenterologistas. Nenhum deles tentou me demover da decisão de me operar, ainda que eu fosse integrar o protocolo de pesquisa da técnica.

Creio ser absolutamente fundamental a qualquer pessoa que esteja pensando em fazer uma cirurgia desse porte pesquisar e se assenhorar do assunto. É preciso saber tudo, tudo, tudo. As partes boas e ruins de cada técnica. Só assim, e com um diagnóstico individualizado, é que se pode tomar a decisão, pesando todos os prós e contras e ciente do que haverá pela frente depois de passar pelo bisturi.

O científico e o leigo

Já faz algum tempo que a ciência vem estudando o papel dos hormônios no funcionamento da maravilhosa máquina que é o corpo humano. Desde meados do século 19, quando o médico francês Claude Bernard (1813-1878), considerado o pai da fisiologia, começou a desvendar o papel dessas substâncias. Foi nos anos 1990, porém, que os pesquisadores passaram a entender melhor o papel dos hormônios produzidos em nosso aparelho digestivo.

E para compreender a cirurgia que eu fiz, é preciso conhecer o papel desses hormônios. É fácil. Basta recordar como é o nosso aparelho digestivo (descrevi no capítulo anterior, lembra?). No fundo do estômago, temos uma concentração das chamadas células neuroendócrinas A. Quando essa cavidade fica sem alimento por muitas horas, essas células passam a produzir grelina, conhecida como o hormônio da fome. Ela cai na corrente sanguínea e vai parar no cérebro. Lá, naquela conversa *tête-a-tête* com o sistema nervoso central, induz à sensação de fome. Então, comemos. E, quando comemos demais, chegamos à Obesidade, que é uma doença, não canso de repetir.

Vale lembrar que do estômago a comida passa para o intestino delgado, onde é digerida e vai sendo absorvida ao longo das três "salinhas" em que ele se divide: duodeno, jejuno e íleo. É um caminho longo e tortuoso que, se esticado, dá entre três e nove metros. Pois bem, quando esse alimento chega ao íleo, encontra mais um grupo de células neuroendócrinas, chamadas L, que secretam outros hormônios também fundamentais. Os dois principais atendem pelo nome de PYY (polipeptídeo YY) e GLP-1 (peptídeo glucagon-símile 1) Esses hormônios, por sua vez, levam ao cérebro a mensagem de que já basta de comida e induzem à sensação de saciedade. Eles fazem mais. Ativam a produção de insulina em maior quantidade (o hormônio responsável pela redução da taxa de glicose no sangue), reduzem o esvaziamento do estômago e a produção do suco gástrico e diminuem a velocidade do trânsito intestinal. A subida do GLP-1 e da insulina faz a grelina descer, num efeito gangorra. Ou seja, estão dados todos os sinais para o nosso corpo de que já está bom, é hora de parar de comer.

É isso que acontece normalmente com qualquer pessoa. Mas no gordo parece que não funciona bem assim. Ao que as pesquisas indicam, os obesos seriam capazes de produzir todos esses hormônios que desencadeiam a sensação de saciedade e os outros desdobramentos que levam o indivíduo a parar de comer. Só que eles secretam tais hormônios mais lentamente e de modo atenuado.

Com isso, demoram a ser saciados. Compulsivos, especialmente. Descobriu-se, entretanto, que a produção hormonal é normalizada quando os nutrientes atingem o íleo intensamente.

E como se descobriu isso? O estudo das cirurgias clássicas da obesidade, principalmente do Bypass Gástrico e da derivação biliopancreática (Duodenal Switch e Scopinaro), ajudou a matar essa charada. Digamos que os médicos operassem um paciente de 160 kg e diabético usando a técnica de Scopinaro, cujo desvio do intestino joga a comida direto no íleo (mantendo fechadas as alças intestinais do duodeno e jejuno, para garantir a má absorção de nutrientes, lembra?). Uma semana depois da operação, esse paciente ainda estava gordo. Mas a diabetes tinha sumido. Por quê?

Os médicos e cientistas descobriram a resposta observando os operados: como os nutrientes caíam no íleo, direto sobre os receptores que secretam o GLP1, a taxa dessa substância no organismo subia rapidamente. Era como dar GLP1 na veia do paciente! Com as pessoas que se submetiam ao Bypass acontecia o mesmo, mas em menor proporção, porque o desvio do intestino coloca a comida no jejuno, um pouco antes do íleo. Já a banda gástrica, por não mexer no intestino, não tem a mesma resposta hormonal.

Essas descobertas levaram a outra pergunta: por que a comida não está chegando até o íleo para ativar a produção dos hormônios? A dieta moderna, certamente, é a explicação mais provável para essa questão. Nosso aparelho digestivo foi "programado" pela evolução natural da espécie para um tipo de alimento pobre em nutrientes e que demorava a ser digerido. Nossos antepassados eram herbívoros, ou seja, consumiam uma comida à base de celulose, que demorava a ser digerida e tinha poucos nutrientes. Portanto, eles precisavam comer muito e o que comiam levava mais tempo "caminhando" pelo aparelho digestivo até ser processado e absorvido. Então, a natureza "calculou" que seria melhor colocar os receptores que davam o alerta de saciedade lá no fim do intestino delgado, no íleo, para garantir a absorção do máximo possível de nutrientes. Também é preciso levar em conta que, naqueles idos, a comida era escassa: o sujeito tinha que comer o máximo que conseguisse porque não sabia quando encontraria outro repasto. Tinha, portanto, licença para comer por "gula", mesmo depois da fome saciada, afinal, precisava fazer reservas.

Ocorre que os tempos mudaram, não é? Os alimentos passaram por uma grande transformação. Em poucas décadas, enchemos nosso prato de alimentos refinados. Com isso, passamos a realizar fora do corpo boa parte do que era feito por nosso aparelho digestivo. Cana-de-açúcar, por exemplo, vai para a refinaria com toda aquela celulose, o bagaço é jogado fora, fica só a glicose, que é o produto final da digestão. O açúcar branquinho que a gente coloca na boca não precisa ser digerido, ele é absorvido praticamente debaixo da língua. Ocorreu o mesmo com o trigo e tantos outros alimentos.

Resultado: boa parte da alimentação industrializada que consumimos é absorvida rapidamente no duodeno e no jejuno. Pouca coisa chega ao íleo. Ao modificarmos a comida, bagunçamos toda a "engenharia" de nosso aparelho digestivo: o tubo digestivo não consegue mais saber o quanto você comeu, sobrecarregamos o pâncreas, que tem que secretar muita insulina para dar conta da glicose rapidamente absorvida... E também ganhamos uma despensa mais farta. Não há mais espaço para a gula. Você come demais no almoço achando que não terá o jantar. E tem. Come demais no jantar achando que não terá café da manhã no dia seguinte. E tem. Então, esse excesso de comida vai se acumulando em sua silhueta, uma vez que a escassez planejada e prevista em nossos genes não está ocorrendo.

Quando outras cirurgias, como a Bypass Gástrica e a derivação biliopancreática, foram concebidas, os hormônios do aparelho digestivo ainda não eram plenamente conhecidos. Só depois, descobriu-se que, ao propor as intervenções restritivas e malabsortivas como formas de emagrecer, essas técnicas promoviam uma mudança plástica no aparelho digestivo que poderia favorecer a produção dos hormônios. Embora não tenha sido prevista originalmente no desenho dessas cirurgias, essa alteração na produção dos hormônios era o que mais contribuía para a perda de peso.

Com todas as descobertas mais recentes à mesa, desenvolveu-se uma cirurgia que eu, leiga, defino como "evolucionária". Ou seja, a ideia é adaptar o aparelho digestivo do obeso à dieta moderna (densidade calórica, teor de fibras etc.). Tangenciar a restrição e a malabsorção: o sujeito pode comer quanto quiser e absorver todos os nutrientes, desde que volte a secretar eficientemente os hormônios da fome e os da saciedade, num efeito gangorra, enquanto um sobe o outro desce e vice-versa.

Como cada paciente é um paciente, máxima que vale ainda mais dentro do universo da Obesidade, uma pessoa de 105 kg não requer o mesmo tratamento de uma com 210 kg. Então, por que não pensar em vários tipos de intervenção que podem ser aplicadas caso a caso, em cirurgias estagiadas?

Isso é possível quando se deseja evitar uma situação anômala. Algumas cirurgias só podem ser feitas em casos de Obesidade

Mórbida. Na prática, um obeso mediano, reincidente, que já tentou todos os tratamentos clínicos possíveis e imagináveis para debelar os quilos a mais sem sucesso, não tem acesso a essas modalidades cirúrgicas a não ser que suba na escala até chegar à Obesidade Mórbida. Ou seja, é como se se obrigasse a engordar mais para poder passar pela cirurgia.

Ao estudar minha cirurgia, mesmo como (digo de novo) leiga, percebi que pode-se utilizar procedimentos mais brandos, como a gastrectomia vertical, para pessoas menos obesas e menos doentes. A gastrectomia vertical, como expliquei, é a redução do estômago, que ganha forma de um tubo. Com isso, o órgão produz menos suco gástrico e menos grelina, uma vez que o número de células A é reduzido. Menos grelina significa menos fome entre uma refeição e outra. As funções do estômago são mantidas, como o esvaziamento gradual e controlado e o ajuste da osmolaridade (prevenção do *dumping*).

Entretanto, a gastrectomia vertical, pelo o que pude entender, não seria suficiente para todos. É necessário levar os nutrientes até o íleo mais rapidamente para lá serem absorvidos e gerar as respostas hormonais que levam à saciedade. Dois modos de encurtar o caminho entre os nutrientes e esse pedaço do intestino delgado foram desenvolvidos. Um deles é a redução pura e simples do jejuno (jejunectomia). E o outro é a bipartição do trânsito intestinal. Essa última é a forma mais radical de aproximar o íleo. Criam-se dois caminhos para o trânsito do alimento pelo intestino delgado: uma parte continua passando pelo duodeno, que não é fechado, e outra vai por um desvio direto para o íleo. Assim, eleva-se rapidamente a produção dos hormônios que induzem à saciedade, sem prejudicar as funções do duodeno e do jejuno, que continuam trabalhando normalmente.

DE TOP MODEL A EX-OBESA

Além disso, existia um outro modo de melhorar resultados metabólicos no paciente obeso: reduzir a gordura visceral, que está relacionada a diversas complicações de saúde ligadas à Obesidade, como hipertensão e doenças cardiovasculares. O procedimento, nesse caso, seria a retirada do omento, manto de gordura que cobre as vísceras.

Em resumo, a gastrectomia vertical é uma intervenção sugerida para os obesos que precisam perder não muito mais do que 30 quilos. Já se o paciente é mais pesado ou tem alguma doença metabólica importante e é necessário elevar a produção de GLP-1, a esse procedimento, associa-se a bipartição do trato intestinal.

A técnica a qual me submeti já foi realizada em mais de 2.500 pacientes no Brasil. Em 2012, o autor, Sérgio Santoro, publicou um artigo na *Annals of Surgery*, importante revista científica da área cirúrgica, abordando os resultados pós-cirúrgicos apresentados por 1.020 obesos submetidos à gastrectomia vertical e bipartição do trato intestinal desde 2004, dos quais eu faço parte. Alguns resultados mostraram que pacientes apresentaram saciedade precoce e melhoria acentuada das comorbidades: 86% de remissão da diabetes, 91% tiveram melhoras respiratórias e 83% melhora das dores associadas a problemas ortopédicos.

Janete Leão Ferraz

MINHA CIRURGIA

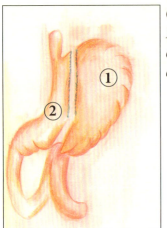

Gastrectomia vertical
Parte do estômago é retirada (1) e ele ganha a configuração de um tubo (2).

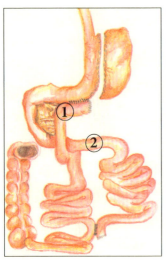

Bipartição do trato intestinal
Para acelerar a chegada dos nutrientes à última parte do intestino delgado, cria-se um atalho para o íleo (1), mantendo intacta a saída para o duodeno (2), o que preserva o fluxo duodeno-jejunal.

De volta ao jeans 42!

No meu caso, a cirurgia combinou três coisas: gastrectomia vertical, bipartição do trato intestinal e retirada do omento. Tive alta três dias depois da operação. Quinze dias depois de operada, perguntei ao médico: "Quando é que eu posso comer um sushi?". Ele respondeu: "Agora!". Fiquei surpresa. Todos os operados que conhecia tiveram que ficar uns 30 dias do pós-operatório só à base de dieta líquida.

Quando cheguei em casa, minha cozinheira animou-se: "Dona Janete, fiz um caldinho de músculo pra senhora ficar bem forte!". Aquele cheiro forte da comida me enjoou de um jeito... Até hoje não posso nem ver iguarias que contenham músculo. E olha que eu adorava um bom molho à base do tal. Brinco que o efeito colateral da minha cirurgia é que agora só como coisas leves e frescas. Não é que você fica esnobe. Mas, sim, absolutamente seletiva. Tenho prazer em comer o que é bom, natural, fresco. Redescobri o prazer de comer. Sabe aquela coisa do tato bucal? Recuperei. Como tudo o que quero e nunca vomitei, tampouco sofro com diarreias. Menos ainda com déficit de vitaminas e minerais.

Um mês depois da cirurgia fui ao cabeleireiro, animadíssima com a perda de 20 quilos. E aí vem o lance de as pessoas não perceberem que a gente está emagrecendo muito. Perguntei a ele o que estava achando de mim e ele nem titubeou: "Sabe que eu acho que você deu uma afinada!?" Affff!! Eu tinha debelado mais de uma arroba! Quatro meses depois, estava 50 quilos mais leve. Meus médicos ficaram felicíssimos quando cheguei a 85 kg, que é o meu peso saudável para eles. Minha meta pessoal de balança era chegar aos 80 kg. E consegui! Conquistei o corpo que entra numa calça jeans

42 feminina, depois da cirurgia. E cheguei aos sonhados 76 kg, mais recentemente, ajustando minha dose de hormônio tireoidiano e fazendo uma reposição vitamínica baseada na medicina ortomolecular. Grande opção até para quem nunca subiu um quilo a mais do que o desejado.

Ufas e mais ufas! Cuido para não perder a linha, digo, voltei ao meu normal. Tenho que malhar e me alimentar muito bem! Caminho e pratico *ashtanga vinyasa* diariamente e *stand-up paddle*. A vida ganhou outro sentido e meu corpo outro senso! Penso que todo ex-obeso fica com uma disformia sobre si mesmo. A gente tende a se achar gordo sempre. Tem que ter muita calma. E eu não me enquadro exatamente no perfil "zen". Então, descobri outras mil maneiras de cuidar do meu corpo e da minha mente! Claro, nunca sozinha! Por isso, compartilho sete afetos de pessoas que estiveram comigo nesta saga:

A amiga

"Para quem viveu boa parte da vida nessa briga com a balança, ter recuperado não só a forma física, mas a saúde, é uma conquista grande, uma realização. Mas a Janete não conseguiu isso só fazendo a cirurgia. Tem muita gente que se opera e acha que resolveu o problema, deixa tudo por conta da cirurgia. Como não é bem assim, volta a engordar tudo de novo. É preciso ter disposição física e emocional, perseverança para continuar focada no padrão físico que a pessoa deseja manter. Foi o que a Janete fez.

Acredito que o fato de ela ter sido modelo na juventude, de man-

ter essa imagem como um ideal físico, tenha ajudado na recuperação. Isso serviu de estímulo para ela dar a volta por cima."

Helô Lacerda Franco,
presidente do Grupo Ancoradouro de
Comunicações e Eventos, de Ilhabela

O personal trainer

"Quando conheci a Janete, ela estava muito fora de forma. Como carregava sempre a imagem de seu corpo dos tempos de modelo, pesava ainda mais em seu subconsciente a angústia de ter perdido o controle corporal. Mas fizemos um trabalho maravilhoso para a reportagem da revista Claudia. *E depois para a São Silvestre. Ela era aplicada. Eu sempre dizia, estamos fazendo tudo isso primeiro pela sua saúde e em segundo lugar para aprimorar seu condicionamento físico. Melhorar a estética, ficar com o corpo bonito será o prêmio. Com os resultados, a autoestima dela foi lá em cima."*

Isaías Gonçalves Rodrigues,
personal trainer

O psiquiatra

"Acho que a Janete é uma pessoa muito, muito, muito fiel às recomendações médicas. Muito rígida no cumprimento dessas orien-

tações. E determinada. Isso com certeza a ajudou a atravessar as turbulências desses 12 anos.

Mas há outros fatores que também contribuíram. O fato de ser intelectualmente privilegiada, sempre curiosa com tudo, querendo saber mais e mais sobre seus problemas e as possíveis soluções. É uma mulher que ultrapassa preconceitos, consegue entender, discutir, buscar alternativas que vão desde a medicina clássica, psicofarmacológica, até procedimentos complementares, como a terapia chinesa, sem nunca confrontar uma coisa com a outra.

E, obviamente, tem um companheiro de elevadíssimo nível intelectual que a ajuda, apoia, desafia. Essa questão do casal é bastante interessante. Em situações como a que ela viveu, é muito frequente o companheiro ou companheira não aguentar a depressão, a ansiedade, a obesidade do outro.

Este é um fator importante. Um companheiro solidário. E um companheiro desafiador. Porque acho que os dois grandes problemas nessas horas é o companheiro que não apoia, não desafia. O companheiro acomodado que aceita a doença do outro e até tira benefícios quase predatórios, quase sanguessuga do outro. Ou o companheiro que abandona, que não aguenta.

Poder contar com uma relação afetiva muito grande, com esse companheiro solidário, foi importante para a Janete continuar lutando sempre, para seguir buscando, até hoje e muito bem, todas as possibilidades para reencontrar seu bem-estar."

Dr. Táki Cordás,
médico psiquiatra especializado
em distúrbios alimentares e depressão

A geriatra

"Se tem uma palavra que define a Janete é obstinada. Tudo o que ela faz na vida, pode ter certeza, é com obstinação. Quando fez o programa para perder peso que resultou na reportagem da revista Claudia foi com extrema dedicação. Quando ia ao spa, realmente perdia peso. Quando resolveu fazer a cirurgia... Nunca tive dúvidas de sua dedicação e vontade de correr atrás de suas metas, de voltar a ser magra.

E quando ela viu que não conseguiria por conta própria, nunca hesitou em buscar ajudas alternativas. Ela não perde o rumo de onde quer chegar. Foi assim com a obesidade. Uma luta difícil. Ela tinha antecedentes familiares, é dona de uma compleição física robusta, não é mignon, passou por um câncer de tireoide, e estava numa fase em que o metabolismo basal da mulher também contribui para o ganho de peso. Apesar de tudo isso, ela sempre buscou uma saída. Quando decidiu buscar a cirurgia de obesidade, falei de um médico que fora colega meu na faculdade de Medicina e que estava desenvolvendo uma técnica que procurava corrigir os distúrbios metabólicos que levavam à obesidade, uma cirurgia fisiologicamente mais interessante. Mas a orientei a procurar pelo menos uns três profissionais, que operavam com metodologias diferentes. Quando se trata de uma cirurgia desse porte, é fundamental passar por um processo de escolha e amadurecimento.

No caso dela, a cirurgia para o controle da obesidade ajudou muito. Mas não existe milagre. Toda essa parte de continuar cuidando da alimentação e da atividade física é importante."

Maria do Carmo Sitta,
médica clínica-geral especializada em geriatria

Janete Leão Ferraz

A massoterapeuta

"Conheci a Janete em 2000, no São Pedro Spa Médico, então eu a acompanhei na fase mais pesada da Obesidade. Testemunhei as perdas e ganhos de peso, as fases em que ela chegou a pesar 130 kg. Nessa época, eu massageava um lado da barriga dela e tinha que dar a volta passa massagear o outro. Meu braço não alcançava para fazer os movimentos de um lado só. Pude testemunhar seus momentos de desânimo. Mas ela nunca desistiu de buscar saídas. Quando começou a pensar em fazer a cirurgia da obesidade, pediu-me que a ajudasse nas pesquisas. Fomos juntas falar com inúmeros médicos, conhecer melhor as técnicas. Ela relutava muito em fazê-la. Tinha medo de morrer. Eu procurava animá-la. Dizia que ela precisava apenas encontrar uma técnica que fosse mais adequada ao caso dela, como de fato encontrou."

Elaine Cristina Higa,
massoterapeuta e filha de alma

O parceiro

"Durante todo aquele tempo, o que vinha a minha cabeça era a ideia de luta. Essa é a palavra certa. Em grego, luta significa agonia. A Janete viveu uma agonia. Quando alguém está agonizando, está lutando para não perecer. Ela viveu uma agonia e não sucumbiu. Atravessou o vale das sombras. E esse vale das sombras é dificílimo. Eu sofri muito com o sofrimento dela. Em vários momentos sofri com a

minha impotência. Em vários momentos sofri com a minha incompetência, porque só a posteriori pude notar que eu não tinha como lidar com algo que está fora de meu campo de conhecimento – e que mesmo os que têm conhecimento sobre isso não sabem como lidar direito.

Várias vezes eu tentei estar ao lado dela, várias vezes tentei estar adiante, outras empurrava, algumas puxava, outras apenas apoiava. O ato de empurrar nem sempre é positivo e várias vezes eu o fiz porque também não conhecia algo que nem a própria medicina conhece com clareza. Há um nível de idiossincrasia muito grande nessa questão da depressão, da Obesidade Mórbida, da Síndrome do Pânico. Vale para cada um de um modo. Tanto que os próprios medicamentos são idiossincráticos. Eles têm validades diversas, em momentos diversos, em tempos diversos.

Como marido da Janete, o parceiro dela de vida, eu tinha uma convicção. Ou melhor, duas: a primeira era de que ela não ia desistir; e a segunda, que eu também não desistiria. É provável que eu tenha colaborado numa situação muito mais aguda. Quando ela se esvaía, isto é, perdia a energia, esse era o momento em que eu tinha que entrar com mais força, estar ao lado dela dizendo 'não desista, não vou deixar você dormir; levanta, vai trabalhar'.

Mas foi decisivo o empenho dela nessa história. Ela foi a protagonista contra um antagonista difícil. Eu não fui atingido mortalmente pela situação. Ela sim. Isto é, eu sou mais forte do que aquilo que me aconteceu porque estava acontecendo com ela. Eu sou mais forte não porque sou especial, mas porque tudo o que estava acontecendo com ela ultrapassava a minha condição de estar sofrendo aquilo também. Digamos que eu tenha sofrido 10%, 20%, estando ao lado dela; mas jamais perto do que ela sofreu.

Creio que o que foi fundamental para ela sair dessa foi a vitalidade. A Janete sempre foi muito vitalizada. Sempre alegre. Ela tem uma capacidade bastante interessante. É capaz de ir a uma festa e dançar sem tomar nenhuma bebida alcoólica. É turbinada sem necessidade de ter um aditivo.

A Síndrome do Pânico, o câncer, a perda da tireoide, a obesidade, a mudança completa do shape, *isso tudo tirou um pouco essa vitalidade, mas não toda. Como Janete é* over, hiperbólica, *isso a colocou um pouco abaixo de parte da humanidade, mas não no piso. Ela ficou limítrofe. Conheço pessoas com depressão profunda que tentaram se matar várias vezes. A Janete pode ter tido esse desejo, mas nunca a intenção de fazer algo nessa direção. E isso, creio, deve-se a sua imensa vitalidade, mesmo quando ela estava operando em modo de segurança, como um computador.*

Mas tem o contraponto: os medicamentos não faziam efeito. Se eu tomasse um comprimido dos que ela tomava, ficaria o dia inteiro balão. Ela não. Podia tomar quatro e continuava tudo o que estava fazendo. Demorou até que ela acertasse boa parte dos medicamentos.

Ela sempre demonstrou ser não digo invencível, mas extremamente forte. O que não é uma virtude moral stricto sensu; *ela não queria se entregar. Esse não querer se entregar dá uma capacidade de autopreservação que é contrária à depressão."*

Mario Sergio Cortella,
filósofo e doutor em educação

O filho

"Quando a gente é criança, é muito difícil entender o sofrimento dos nossos pais. Lembro-me de sair para a escola e encontrar, às 7 da manhã, minha mãe chegando de um dia de fechamento na Veja São Paulo, depois de virar a noite trabalhando. E para mim isso era normal. Nas reuniões escolares, ela era sempre a que mais falava e dava opiniões. Toda vez que ela pedia a palavra, eu queria me esconder! Morria de vergonha de ter uma mãe 'polêmica'! Só que, quando veio o câncer na tireoide, a personalidade dela mudou, e quem estava em volta percebeu. Aquela pessoa 'ligada no 220 volts' não existia mais. Demorou muito tempo para que eu, como filho, percebesse que a depressão da minha mãe era ligada a uma batalha contra a balança. Nunca ninguém em casa falou que ela precisava emagrecer. Nunca me importei de ter uma mãe gorda ou magra. Era uma batalha dela contra ela mesma. O que me importava sim, era ter uma mãe feliz, pois aquela que me dava vergonha quando criança, aos poucos, parou de existir. Ficou tímida e reclusa, uma mulher completamente diferente da que eu conheci na infância.

Por sorte ou força de uma personalidade marcante, a esperança de voltar a ser a 'Janete 220 volts' nunca morreu e, quando ela conseguiu isso e voltou ao peso normal, ficou mais feliz, animada. Esse era mesmo o perfil natural dela: a mulher que faz aula de sei lá o quê, teatro, ioga e, claro, me mantém 'orgulhosamente envergonhado'. Hoje, me enche de alegria ver que ela virou madrugadas escrevendo este livro. Essa sim é a Janete, minha mãe."

Pedro Gabriel Ferraz Mota,
jornalista

Por tudo isso, decidi me abrir neste livro. Expor minha batalha e a quem comigo nela esteve! Não foi nada fácil! Enquanto escrevo, planejo um próximo tomo, contando tantas e tantas outras coisas sobre a volta ao corpo esguio e ao mundo magro. Lipo? Plástica? Fazer ou não? Quando?

Aos 53 anos e com 76 kg, sinto-me como Adélia Prado no poema *Bela Adormecida*: "(...) tenho dezoito anos... incompletos". Vejo-me vivíssima e plena! E muito mais sábia e humilde!

Afinal, como disse Chico Xavier: "Embora ninguém possa voltar atrás e fazer um novo começo, qualquer um pode começar agora e fazer um novo fim."

Janete Leão Ferraz

Anotações

Este livro foi impresso nas oficinas gráficas da
Editora Vozes Ltda., Rua Frei Luís, 100 - Petrópolis - RJ.